**Estudos populacionais:
elementos de teoria
e história**

inter
saberes

Estudos populacionais: elementos de teoria e história

Luiz Eduardo Simões de Souza
Maria de Fátima Silva do Carmo Previdelli

inter saberes

Rua Clara Vendramin, 58 . Mossunguê . CEP 81200-170 . Curitiba . PR . Brasil
Fone: (41) 2106-4170 . www.intersaberes.com . editora@intersaberes.com

Conselho editorial
   Dr. Alexandre Coutinho Pagliarini
   Dra. Elena Godoy
   Dr. Neri dos Santos
   Dr. Ulf Gregor Baranow
Editora-chefe
   Lindsay Azambuja
Gerente editorial
   Ariadne Nunes Wenger
Assistente editorial
   Daniela Viroli Pereira Pinto
Preparação de originais
   Gilberto Girardello Filho
Edição de texto
   Arte e Texto

Capa
   Débora Gipiela (*design*)
   Paladin12 e Lightspring/ Shutterstock (imagens)
Projeto gráfico
   Bruno de Oliveira
Diagramação
   Maiane Gabriele de Araujo
Equipe de design
   Débora Gipiela
Iconografia
   Maria Elisa Sonda
   Regina Claudia Cruz Prestes

Dados Internacionais de Catalogação na Publicação (CIP)
(Câmara Brasileira do Livro, SP, Brasil)

Souza, Luiz Eduardo Simões de
   Estudos populacionais: elementos de teoria e história/Luiz Eduardo Simões de Souza, Maria de Fátima Silva do Carmo Previdelli. Curitiba: InterSaberes, 2020.

   Bibliografia.
   ISBN 978-65-5517-754-1

   1. Demografia 2. População 3. População – Aspectos sociais 4. População – Brasil 5. População – Brasil – Indicadores 6. População – Estatísticas I. Previdelli, Maria de Fátima Silva do Carmo. II. Título.

20-41039   CDD-304.6

Índices para catálogo sistemático:
1. Estudos populacionais 304.6

Cibele Maria Dias – Bibliotecária – CRB-8/9427

1ª edição, 2020.
Foi feito o depósito legal.
Informamos que é de inteira responsabilidade dos autores a emissão de conceitos.
Nenhuma parte desta publicação poderá ser reproduzida por qualquer meio ou forma sem a prévia autorização da Editora InterSaberes.
A violação dos direitos autorais é crime estabelecido na Lei n. 9.610/1998 e punido pelo art. 184 do Código Penal.

Sumário

11 *Apresentação*
15 *Como aproveitar ao máximo este livro*

Capítulo 1
19 **Conceitos e definições**

(1.1)
21 Conceito de demografia: uma construção histórica

(1.2)
26 Cortes analíticos

Capítulo 2
33 **Censo e estimativa**

(2.1)
35 Definições

(2.2)
37 Histórico dos censos

(2.3)
39 Censos no Brasil: 1872-2020

Capítulo 3
47 **Crescimento e distribuição**

(3.1)
49 Definição e tipologia do crescimento populacional

(3.2)
53 Taxa de crescimento demográfico

(3.3)
53 Densidade demográfica

(3.4)
55 Crescimento e densidade no mundo e no Brasil

Capítulo 4
67 **Tipologias populacionais: alguns indicadores**

(4.1)
69 Indicadores demográficos

(4.2)
71 Razão de sexo

(4.3)
73 Pirâmides etárias

(4.4)
76 Natalidade, mortalidade e expectativa de vida

Capítulo 5
Tipologias populacionais e migrações

(5.1)
Identidade do migrante

(5.2)
Repulsão e atração

(5.3)
Fixação

(5.4)
Cadeias e redes

Capítulo 6
Uma breve história da demografia

(6.1)
Definições e periodização

(6.2)
Período pré-estatístico (das origens ao século XI)

(6.3)
Período protoestatístico

(6.4)
Período estatístico

Capítulo 7
131 **Algumas teorias**

(7.1)
133 Malthus e a demografia

(7.2)
143 Teoria reformista e as críticas a Malthus

(7.3)
148 Teoria da explosão demográfica

(7.4)
153 Teoria da transição demográfica

Capítulo 8
161 **Estudos populacionais no Brasil: da Colônia ao Censo de 1872**

(8.1)
163 Primeiras estimativas coloniais

(8.2)
166 Iniciativas censitárias após a Independência

(8.3)
169 Censo de 1872

Capítulo 9
Estudos populacionais no Brasil: período censitário

(9.1)
Censos na República Velha (1889-1930)

(9.2)
Criação do Instituto Brasileiro
de Geografia e Estatística (IBGE): após 1930

Capítulo 10
População e desenvolvimento

(10.1)
A perspectiva da Organização das Nações Unidas (ONU)

(10.2)
O problema teórico

(10.3)
População como mão de obra

(10.4)
População como demanda efetiva

(10.5)
Índice de Desenvolvimento Humano (IDH)

(10.6)
Investimento, poupança e população:
pela distribuição do produto

Capítulo 11
223 **Fontes e métodos para uma história das populações**

(11.1)
226 Fontes

(11.2)
228 Métodos

237 *Considerações finais*
241 *Referências*
253 *Bibliografia comentada*
257 *Respostas das atividades*
261 *Sobre os autores*

Apresentação

Este livro é sobre gente, em termos bastante específicos. Falamos sobre quantidade e qualidade, em categorias cientificamente construídas ao longo do desenvolvimento do espírito humano por séculos. Não se trata, exatamente, de uma "história das populações", mas de como se constituiu o estudo do desenvolvimento das populações pela história. Pretendemos, assim, que este livro sirva de guia ao leitor interessado nas questões de economia, desenvolvimento e demografia, para um debate que, a nosso ver, estará cada vez mais presente.

O objetivo primário deste livro é mostrar os antecedentes, a formação e o desenvolvimento da demografia como ciência da população em sua teoria e em sua história. A demografia, como área do conhecimento humano, existe desde as primeiras sociedades e tem a ver com certa parcela da natureza humana desejosa do controle das condições nas quais vive e do mundo à sua volta. Das primeiras contagens aos censos, a vontade humana de saber *quem, quais* e *quantos* estariam ali sempre se fez acompanhar de *como* e *para que* estariam. Ao propósito louvável de preparar o presente para o futuro incerto, pode-se somar certa futilidade de nossa espécie em tentar um controle, em última análise, impossível.

A leitura e o estudo desta obra podem ser divididos em três partes distintas e, mais ou menos, independentes. Apesar de sugerirmos a sequência presente e a leitura integral, é possível adotar ordens alternativas nessas partes, ou mesmo, a depender do interesse específico do leitor, recortes mais estritos.

A primeira parte, com maior enfoque na teoria pura dos estudos populacionais, abrange desde conceitos e definições básicas até aspectos da tipologia das populações. No Capítulo 1, tratamos de conceitos e definições. No Capítulo 2, os assuntos principais são censo e estimativa. No Capítulo 3, abordamos crescimento e distribuição das populações, apresentando seus aspectos dinâmicos e morfológicos. No Capítulo 4, discorremos sobre as tipologias populacionais e, no Capítulo 5, seus movimentos no espaço, chamados *migrações*.

A segunda parte trata um pouco da história dos estudos demográficos desde suas origens remotas, no mundo e no Brasil. Nosso intuito é apresentar um panorama do desenvolvimento dos estudos da população. No Capítulo 6, buscamos apresentar um breve histórico da demografia em suas práticas e estudos. No Capítulo 7, expomos e comentamos algumas teorias que envolvem as questões populacionais no tocante ao desenvolvimento humano. No Capítulo 8, de maneira mais específica, apresentamos os estudos populacionais no Brasil em uma fase primária, para, no Capítulo 9, tratarmos da formação e do desenvolvimento do arcabouço científico e institucional que intenta norteá-los na atualidade.

A terceira parte busca complementar aspectos anteriores, trabalhando alguns dos chamados *tópicos especiais* do assunto. No Capítulo 10, o tema é a relação entre os estudos demográficos e o desenvolvimento e, no Capítulo 11, tecemos comentários sobre fontes e métodos para uma história das populações que reflete, em última análise, o viés de formação original desses autores, historiadores econômicos.

É importante a ressalva de que não intentamos o esgotamento, em amplitude ou profundidade, dos assuntos que envolvem a demografia ou mesmo a totalidade dos estudos populacionais. Preferimos suscitar o debate informado acerca de questões que essa área do conhecimento traz à luz.

Demos maior enfoque ao ensino introdutório das ferramentas de análise e à apresentação das linhas gerais dos desenvolvimentos teóricos e históricos do que propriamente à exposição de dados ou ao desenvolvimento matemático mais refinado desses instrumentos. Um bom atlas demográfico e as publicações da Organização das Nações Unidas (ONU), da Comissão Econômica para a América Latina e o Caribe (Cepal) e do Instituto Brasileiro de Geografia e Estatística (IBGE) sobre população teriam resultado melhor se esses fossem os intuitos. A título de complementação e verificação do conteúdo exposto, sugerimos a você a consulta dessas fontes.

Somos inquilinos deste grande imóvel, por mais que nos incumbamos da tarefa de inventariá-lo ou de lhe impor melhorias. Contar os grãos de areia, separá-los por forma, tamanho e cor pode ser um belo entretenimento como abstração, ao qual a praia assiste em sua concreta indiferença. O tempo e sua materialidade continuam a nos fugir por entre os dedos, por mais que os contemos.

Como aproveitar ao máximo este livro

Empregamos nesta obra recursos que visam enriquecer seu aprendizado, facilitar a compreensão dos conteúdos e tornar a leitura mais dinâmica. Conheça a seguir cada uma dessas ferramentas e saiba como elas estão distribuídas no decorrer deste livro para bem aproveitá-las.

Introdução do capítulo

Logo na abertura do capítulo, informamos os temas de estudo e os objetivos de aprendizagem que serão nele abrangidos, fazendo considerações preliminares sobre as temáticas em foco.

Importante!

Algumas das informações centrais para a compreensão da obra aparecem nesta seção. Aproveite para refletir sobre os conteúdos apresentados.

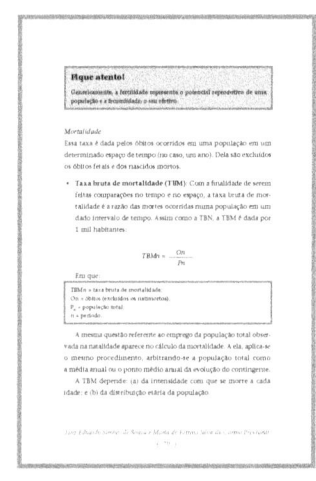

Fique atento!

Ao longo de nossa explanação, destacamos informações essenciais para a compreensão dos temas tratados nos capítulos.

Síntese

Ao final de cada capítulo, relacionamos as principais informações nele abordadas a fim de que você avalie as conclusões a que chegou, confirmando-as ou redefinindo-as.

Atividades de autoavaliação

Apresentamos estas questões objetivas para que você verifique o grau de assimilação dos conceitos examinados, motivando-se a progredir em seus estudos.

Atividades de aprendizagem

Aqui apresentamos questões que aproximam conhecimentos teóricos e práticos a fim de que você analise criticamente determinado assunto.

Bibliografia comentada

Nesta seção, comentamos algumas obras de referência para o estudo dos temas examinados ao longo do livro.

Capítulo 1
Conceitos
e definições

Neste capítulo, apresentaremos alguns dos conceitos relacionados ao estudo das populações sob a perspectiva científica da demografia. Por meio de um breve apanhado histórico do desenvolvimento da ciência da população, descreveremos sua constituição como saber desde a Antiguidade remota.

A palavra *demografia* funde os termos gregos *demos*, que significa "povo", e *grafia*, que significa "registro". Assim, demografia é o registro da população. Em sentido estrito, entende-se a demografia como: "a ciência que tem por objetivo o estudo das populações humanas, versando sobre seu volume, sua composição, seu desenvolvimento, bem como sobre suas características gerais consideradas principalmente do ponto de vista quantitativo" (Dicionário Demográfico Multilingue, 1959, n. 101, citado por Beltrão, 1972, p. 7). Em sentido estrito, a demografia é uma área das ciências sociais que estuda a morfologia e a dinâmica populacional humana. Seu objeto de estudo engloba a dimensão, a estrutura e a distribuição das diversas populações humanas, construindo indicadores estatísticos para sua análise.

(1.1)
Conceito de demografia:
uma construção histórica

A demografia sempre foi um tema recorrente, antes mesmo de seu estabelecimento como um saber científico. O tunisiano Ibn Khaldun (1332-1406), em sua obra *Muggadimah*, é um desses exemplos, ao correlacionar o crescimento populacional ao crescimento econômico. De maneira ainda mais remota, é possível encontrar ecos de uma preocupação com a contagem e a análise das características quantitativas de uma população no próprio livro dos Números, no Antigo Testamento. Para os povos antigos do Mediterrâneo Oriental, a questão da população era essencialmente religiosa. As propostas sobre esse ponto tendiam a favorecer o crescimento populacional: famílias grandes eram vistas como o resultado de "bênçãos divinas". Para além das considerações religiosas sobre o tamanho ideal de uma população, vinham as militares e políticas. Reis e governantes do Antigo Oriente inclinavam-se a impulsionar políticas de expansão da natalidade com o propósito de formar numerosos exércitos. O código de Hamurábi, rei sumério (2.130-2.088 a.C.), apresentava políticas deliberadas de estímulo à expansão da população babilônica, com finalidade não apenas militar, mas também fiscal. Assim, a variável demográfica, no campo do pensamento político e social, trilha um caminho tão remoto quanto a própria humanidade.

O debate contemporâneo sobre o papel da população no desenvolvimento remonta às origens da economia política, no início do século XIX, graças ao êxito de *Ensaio sobre a população* (1799), de Thomas R. Malthus, e a tese de que a população cresceria mais rapidamente do que sua capacidade de suprimento, o que influenciaria um primeiro olhar do pensamento econômico sobre as questões distributivas. Não é por acaso que Malthus é extensivamente abordado pelo principal crítico da economia política, Karl Marx, em seu livro *O Capital* (1865). Mesmo no século seguinte, Malthus manteria sua influência no pensamento econômico, de maneira reconhecida por John M. Keynes, autor de *Teoria geral do emprego, do juro e do dinheiro* (1936), que atribuiu a Malthus a gênese do conceito da demanda efetiva, que influenciaria a macroeconomia moderna proposta em sua obra.

Ainda que se reconheça a influência do pensamento malthusiano em suas vertentes e desenvolvimentos ulteriores, a demografia transcende as questões de equilíbrio entre meios e necessidades, indo às relações produtivas, que, por serem sociais, definem formações ou modos. Assim, existiriam leis populacionais específicas para cada modo de produção.

A esse propósito, como Marx apontaria, um dos grandes erros de Malthus residiu, justamente, na acepção de leis populacionais gerais para um modo de produção específico. Dessa maneira, a profecia malthusiana de carestia ou colapso sistêmico em razão da insuficiência de recursos seria verdadeira apenas para o capitalismo, sob aquelas condições produtivas. Na atualidade, com o modo de produção capitalista em pleno andamento, a teoria malthusiana reflete uma exaustão não apenas dos recursos populacionais, mas também dos meios de produção, sendo incorporada, de maneira mais ou menos extensiva, à teoria econômica da sustentabilidade ambiental. Dada a crescente pressão sobre o meio ambiente, a relação entre a acumulação desenfreada de capital e o consumo explosivo suscita novas preocupações e novos questionamentos.

Contudo, teorias como a transição demográfica, por exemplo, afirmam que populações em crescimento no desenvolvimento econômico tendem a se estabilizar, tornando, assim, o problema da pressão capitalista sobre o meio ambiente um problema de distribuição de renda.

O avanço da demografia "científica" permitiu, também, o desenvolvimento de políticas econômicas e sociais ligadas à população. O próprio desenvolvimento do processo censitário e da análise estatística cumpriu um importante papel nesse sentido.

A demografia aparece como uma ciência em meio ao século XIX, em caráter auxiliar a outras ciências sociais. O trabalho de Achille Guillard, *Élements de statistique humane or demographie comparée*, de 1855, inaugurou o termo *demografia* como referência a uma "ciência" da população. Vários trabalhos em áreas dessas ciências sociais usaram a análise demográfica como uma maneira de adquirir bases argumentativas, dando ao tratamento de estatísticas vinculadas a uma dada população humana o *status* de evidência empírica. Assim, a contagem e a observação momentânea das populações adquiriram um caráter de materialidade para a análise do comportamento de suas sociedades correlatas.

A contagem e a descrição das características de uma população são expedientes mais antigos. Civilizações da antiga Mesopotâmia realizavam censos, e é bastante improvável que não extraíssem dos dados pelo menos alguma inferência, dada sua finalidade fiscal, ou seja, de cobrança de tributos. No Egito Antigo e na civilização greco-romana, os censos eram essenciais ao controle e à administração dos impérios. Em outras partes do globo, civilizações pré-colombianas, como astecas e incas, realizavam contagens periódicas de suas populações. A administração imperial chinesa também mantinha censos periódicos, bem como os hindus o faziam à mesma época do Ocidente.

Podemos atribuir esse procedimento a uma reconhecidamente antiga propensão humana a quantificar o mais detalhadamente possível suas características. O quão grande? O quão populoso? O quão caro? Se for descoberta, numa população, a preeminência numérica de homens sobre mulheres, de quanto seria essa diferença? Qual seria a razão de sexo (ou gênero) daquela população? A maior parte da humanidade tem grande curiosidade em saber quantos anos vai viver, mais até do que como isso ocorrerá. Ainda que ilusória, a abstração dos números parece exercer, até hoje, grande fascínio sobre o desejo de segurança da espécie humana, especialmente no tocante à quantidade e à escassez daquilo que a cerca e mantém.

Entre os séculos XVIII e XIX, surgiram várias ciências sociais em sua versão moderna: sociologia, antropologia, política e economia juntaram-se à história e à geografia. Nesse ambiente, a demografia adquiriu relevância crescente. Entender a sociedade e o indivíduo nela ou o espaço existente implicaria a criação de uma interpretação de seus números, dos quais a população se encontrava na linha de frente. A importância das políticas sociais e econômicas no campo prático trouxe à demografia espaço no entendimento das relações sociais de produção, dos limites da divisão do trabalho, da relação com a dotação escassa de recursos, da distribuição de riqueza, da circulação de mercadorias e dos fatores de produção. Não demorariam a aparecer as primeiras teorias demográficas relacionando a produção e o gasto de riqueza com o contingente populacional.

Malthus, em 1799, em seu *Ensaio sobre a população*, apresentou a formulação de que os meios de subsistência aumentariam em razão aritmética (1, 2, 3, 4, 5, 6, 7 ...), enquanto a população tenderia a crescer em razão geométrica (1, 2, 4, 8, 16, 32, 64 ...), apontando assim um colapso iminente em uma população cujo consumo seria muito maior do que sua produção à medida que aumentasse. A crítica de Marx a Malthus em *O Capital*, quase sete décadas após a primeira edição do *Ensaio*, e a teoria da transição demográfica, apresentada em meados do século XX, colocaram em perspectiva o peso das reivindicações malthusianas. No entanto, um ramo da teoria econômica que se sobressaiu a partir da metade do século XX, a teoria do desenvolvimento econômico, trouxe a seu cerne de proposições de planejamento e política econômica as preocupações da demografia. Essas proposições derivaram das teorias da explosão e da transição demográfica. A ideia de mudanças na estrutura das relações produtivas acabou se tornando seu denominador comum.

O desenvolvimento da matemática, especialmente a partir do final do século XVIII, com Karl Friedrich Gauss (1777-1855), permitiu o desenvolvimento da chamada *teoria estatística* em seus ramos descritivo e inferencial, introduzindo o uso de técnicas de contagem, tabulação e análise dos dados que permitiram a construção de indicadores analíticos para quaisquer populações. O próprio conceito de população ganhou mais consistência e merece alguma preocupação em um estudo da demografia. Segundo Bussab e Morettin (2003, p. 256, grifo do original), "**População** é o conjunto de todos os elementos ou resultados sob investigação. **Amostra** é qualquer subconjunto da população".

Uma população pode ser finita ou infinita. O número de crianças em uma população é exemplo de **população finita**. Por sua vez, o conjunto de possibilidades de que, instadas a escolher entre chá ou café, as crianças venham a escolher chá é exemplo de **população infinita**.

O objeto primário de trabalho da demografia são as populações finitas, o que remonta ao uso da **estatística dedutiva**, ou *descritiva*. Contudo, isso não eliminava os problemas de se lidar com populações reconhecidamente finitas, mas desconhecidas. Esse desconhecimento poderia ser atribuído a questões de ordem prática (população numerosa, dificuldade operacional na contagem etc.) ou à própria impossibilidade de acesso aos dados precisos (ausência de registros).

Por isso, o uso de **amostras** pela demografia faz com que, por meio de testes da sua representatividade em relação às suas populações de origem, a inferência estatística, também chamada *estatística indutiva*, ou *inferencial*, torne-se de amplo uso pelos demógrafos.

(1.2)
Cortes analíticos

Uma informação quantitativa raramente tem sentido em si mesma. Em outras palavras, uma informação quantitativa tem sentido se comparada a outra ou a um conjunto de outras informações.

Seja uma informação coletada em um dado instante t_n, ela tem relevância apenas se:

a) comparada a outra informação coletada no mesmo instante t_n; ou
b) comparada a outros registros da mesma informação, coletados no sentido t_{n-1} ou t_{n+1}.

Por exemplo, a proporção de mulheres numa população diz respeito a, pelo menos, **duas** informações coletadas num instante t_n. Por sua vez, a taxa de crescimento de uma população informa sobre o comportamento de uma variável num intervalo de tempo ... t_{n-1}, t_n, t_{n+1}...

A **homogeneidade** de uma série de dados merece considerações. Uma série é mais ou menos homogênea à medida que mantém certa regularidade de critérios na coleta de dados ou, se estes mudam, na morfologia da população estudada. Na demografia, o primeiro caso seria o mais desejado, mas o avanço da teoria em torno da análise e da coleta de dados faz com que o segundo caso seja bastante frequente.

Uma população ou sua amostra podem ser analisadas por meio de cortes **latitudinal**, **longitudinal** e **transversal**. Para exemplificá-los, analisemos a tabela a seguir.

Tabela 1.1 – População fictícia: dados selecionados

Ano	Mulheres	Homens	Total
1900	1.250	901	2.151
1910	2.450	2.031	4.481
1920	4.873	4.291	9.164
1930	9.257	8.552	17.809
1940	15.623	15.239	30.862
1950	27.982	25.026	53.008

(continua)

(Tabela 1.1 – conclusão)

Ano	Mulheres	Homens	Total
1960	47.432	45.395	92.827
1970	90.231	88.32212	178.553
1980	143.888	120.793	264.681
1990	285.391	240.332	525.723
2000	552.915	489.360	1.042.275
2010	999.034	940.395	1.939.429

Quando, em uma mesma observação em t_n, comparamos informações distintas, ocorre o que se chama de *corte latitudinal*. Por exemplo, segundo os dados observados, para o ano de 1950, o número de mulheres foi maior em quase 3 mil unidades do que o de homens. Ou, ainda, podemos afirmar que, para o referido ano, as mulheres representaram 52,79% da população total, enquanto os homens limitaram-se a 47,21%. Seria possível ainda compararmos os contingentes populacionais masculinos e femininos dessa população com os de outra, tanto em valores absolutos como proporcionais.

Quando uma ou mais observações são comparadas em relação às suas correspondentes em instantes distintos, ocorre um **corte analítico longitudinal**. De certa forma, é como dar movimento no tempo a variáveis fotografadas no corte latitudinal. Assim, notamos, na Tabela 1.1, um crescimento da população total a uma taxa média decenal de 86,44% para o período 1900-2010.

Às vezes, as condições dos dados coletados ou pesquisados não permitem que o pesquisador faça esses dois primeiros cortes de maneira contínua ou direta. Um recurso que, nesse caso, é adotado pelo demógrafo ao analisar uma população com dados censitários insuficientes a um ou ambos os cortes anteriormente citados é o chamado *corte transversal*.

Nele, buscamos variáveis semelhantes que possam substituir ou explicar outras, cuja ausência se dê em algumas observações. Para exemplificar essa modalidade de corte analítico, suponhamos que não estivessem disponíveis os dados absolutos da evolução da população feminina entre 1950 e 2000, restando apenas as taxas médias de crescimento geral e dos homens. Se a taxa média geral para todo o período foi de 86,44% ao decênio, com 89,63% para os homens, podemos inferir que o crescimento da população feminina foi **ligeiramente menor**.

É possível afirmar que todos os indicadores da demografia submetem-se a esses parâmetros, assim como também é importante lembrar sua estreita ligação com as relações sociais de produção, as quais encontram relevância de estudo no sentido de sua transformação em prol do desenvolvimento econômico.

Síntese

O estudo das características e dos comportamentos das populações caminha paralelamente à história das sociedades. A motivação para esse estudo vai desde a necessidade humana de racionalização e quantificação daquilo que considera a realidade à sua volta até o interesse econômico, religioso, militar e político. A revolução científica dos séculos XVII e XVIII trouxe ferramentas analíticas subjetivas, objetivas e quantitativas ao estudo das populações, o que criou a moderna demografia, como ciência ligada à observação e à análise da morfologia e da dinâmica das populações humanas.

A observação sistemática dos dados populacionais permite três tipos de cortes analíticos: latitudinal, longitudinal e transversal. Estes, como ferramentas primárias de análise estatística, permitem, à luz das teorias, a construção do conhecimento sobre as populações.

Atividades de autoavaliação

1. Assinale a alternativa que indica a definição correta de *demografia*:
   a) O estudo científico dos movimentos populacionais, sem considerar seu volume, sua composição, seu desenvolvimento, bem como suas características gerais consideradas, principalmente, do ponto de vista quantitativo.
   b) O estudo científico das características das populações versando sobre seu volume, sem considerar sua composição, seu desenvolvimento, bem como suas características gerais consideradas, principalmente, do ponto de vista quantitativo.
   c) O estudo dos registros populacionais ao longo do tempo, versando sobre seu volume e sua composição, sem considerar seu desenvolvimento nem suas características gerais, principalmente do ponto de vista quantitativo.
   d) O estudo das características quantitativas das populações no espaço, versando sobre seu volume, sua composição e seu desenvolvimento, sem considerar suas características gerais, principalmente, do ponto de vista quantitativo.
   e) O estudo científico das populações humanas, versando sobre seu volume, sua composição, seu desenvolvimento, bem como sobre suas características gerais, consideradas, principalmente, do ponto de vista quantitativo.

2. Assinale a alternativa que indica a definição correta de *população*:
   a) Uma fração das observações de um conjunto.
   b) Um conjunto de observações que constitui uma totalidade.

c) Uma fração das observações de um dado fenômeno.
   d) Um conjunto de observações específicas sobre um todo.
   e) Um conjunto das frações observadas de um dado fenômeno.

3. Assinale a alternativa que indica a definição correta de *amostra*:
   a) Uma fração das observações de um conjunto.
   b) Um conjunto de observações que constitui uma totalidade.
   c) Uma fração das observações de um dado fenômeno.
   d) Um conjunto de observações específicas sobre um todo.
   e) Um conjunto das frações observadas de um dado fenômeno.

4. Assinale a alternativa que indica o tipo de estatística incorporada ao estudo das amostras na demografia:
   a) Analítica.
   b) Dedutiva.
   c) Inferencial.
   d) Descritiva.
   e) Nenhuma das alternativas anteriores está correta.

5. Uma informação quantitativa tem sentido se:
   a) aparece em dados.
   b) aparece em gráficos.
   c) pode ser comparada com informações correlatas coletadas no mesmo intervalo de observação.
   d) pode ser comparada com informações correlatas coletadas sobre o mesmo fenômeno, em intervalos de observação diferentes.
   e) As alternativas "c" e "d" estão corretas e se completam.

Atividades de aprendizagem

Questões para reflexão

1. Reflita sobre a evolução da definição de demografia e a constituição de seu objeto de estudo.

2. Uma amostra pode ser considerada uma população? Justifique.

3. Uma população pode ser considerada uma amostra? Justifique.

4. É possível dizer que a análise demográfica implica integrar cortes analíticos de diferentes tipos? Exemplifique.

Atividade aplicada: prática

1. Faça a contagem de uma população à sua escolha. Estipule uma amostra. Escolha duas ou três características para comparar em cortes analíticos distintos. Discuta os resultados em grupo.

Capítulo 2

Censo e estimativa

Neste capítulo, apresentaremos as definições de *censo* e de *estimativa*, procedimentos de construção de dados demográficos. Por meio das características e das limitações de cada um desses instrumentos, objetivamos destacar suas diferenças e, principalmente, a importância de cada um deles.

Toda análise se baseia em um mapeamento prévio da realidade, que permite construir dados e variáveis para serem analisados em suas características e seus comportamentos ante os demais e ao longo de uma série temporal. No caso dos estudos populacionais, ou da demografia, a base de sua análise são os censos e as estimativas. O primeiro passo na análise de uma população é o conhecimento de seu tamanho, ou volume, que ocorre por meio de sua contagem pelo instrumento do censo. Nem sempre é possível ou viável uma contagem consistente, sistemática e periódica de uma população, por razões diversas. Nessas condições, aparecem as estimativas como alternativas para a observação da dinâmica populacional.

(2.1)
Definições

Censos são contagens populacionais sistemáticas e periódicas. Feitos desde a Antiguidade, há vestígios de sua realização pela civilização suméria, que existiu entre os séculos V e II a. C.

Na atualidade, para que um censo seja reconhecido, ele deve contemplar as seguintes condições (Souza, 2005):

> - respaldo legal: a contagem deve ter regras e critérios definidos pelo Estado;
> - territorialidade: a contagem deve ser realizada em um território definido;
> - temporalidade: a contagem deve corresponder a um dado intervalo de tempo;
> - periodicidade: a realização da contagem deve ocorrer em intervalos regulares de tempo, o que permite a comparação em série;
> - simultaneidade: a contagem deve ser realizada num mesmo intervalo de tempo, por todo o território;
> - enumeração individual de todos os elementos da população: as características coletadas devem corresponder, cada uma, a um indivíduo isolado. A cada característica individual não deve corresponder mais de uma observação.

A unidade de registro e tabulação dos dados censitários é o **domicílio**. Por *domicílio* entende-se o *lugar de residência*. A pesquisa censitária realiza-se diretamente nos domicílios, por meio de questionário das características de seus moradores. Um conjunto de domicílios agregados por um critério qualquer constitui um *fogo* (Souza, 2005).

Quando se reúnem informações sobre um objeto, é inerente à natureza humana que surjam tantas ou mais perguntas à realidade observada. Assim, é plausível afirmar-se que, sobre a demografia, o registro sistemático e periódico de populações parece ter conduzido a especulações feitas a partir da observação dos dados censitários. Esse é o campo das **estimativas**.

Estimativas são suposições de dados que não foram cobertos pelos censos. Isso acontece por três razões básicas:

1. o censo não foi realizado;
2. a necessidade de saber um dado em um período de observação situado entre dois censos;
3. o dado diz respeito ao futuro, ou seja, trata-se de uma previsão.

A estimativa é uma alternativa ao censo na ausência deste. A melhor estimativa é a mais próxima do dado censitário, cujo grau pode ser dado por testes estatísticos que informam o quanto uma estimativa pode se aproximar do registro.

Sendo o **modelo** uma explicação esquemática da realidade, este está sujeito a apresentar diferenças em relação à realidade que aparece no **dado**. A diferença entre o modelo e o dado observado recebe o nome de *resíduo*.

Na teoria estatística, tem-se a seguinte relação:

dado = modelo − resíduo

(2.2)
Histórico dos censos

A palavra *censo* deriva do termo latino *census*, que significa reunião do conjunto de dados estatísticos dos habitantes de uma unidade política. Seu registro mais antigo é do ano de 2.238 a.C., na China.

Há referência a censos realizados no tempo de Moisés (aproximadamente, 1.700 a.C.), no Antigo Testamento. Existem registros de censos realizados por mesopotâmios, egípcios, gregos e romanos, com objetivos militares e tributários. A Europa Medieval também teve seus recenseamentos, tanto na área de dominação muçulmana, a Península Ibérica (séculos VII a XIII), quanto do império Carolíngio (712-814). Antes da chegada dos europeus, no século XVI, a América tinha a prática incaica dos *quipus*: um sistema de cordas cujos nós representavam números em sistema decimal, usados para registrar a população.

Em 1078, após a conquista normanda da Inglaterra, foi realizado um dos censos mais extensivos da época. Apelidado de *Doomsday Book*, o registro visava computar todos os bens, as propriedades, os trabalhadores, as profissões e, até mesmo, os prédios existentes no território conquistado, para controle sobre eles e redistribuição das riquezas entre os aliados do conquistador. O nível de detalhe do levantamento levou a população ao apelido (*doomsday book* significa "livro do apocalipse", em português), já que parecia estarem diante do "juízo final". A partir de então, tornou-se prática periódica da Coroa inglesa fazer esses levantamentos, o que permite uma documentação muito rica para o estudo histórico da região.

Os censos, em sua concepção moderna, surgiram em meados do século XVIII, na Europa. Os primeiros censos regulares modernos foram realizados entre 1748 e 1760, na região da península escandinava. Na América, os Estados Unidos fizeram o primeiro recenseamento em 1790. A França e a Inglaterra realizaram seus primeiros recenseamentos nos primeiros anos do século XIX. Já o primeiro censo no Brasil foi realizado em 1872.

Essas primeiras iniciativas de recenseamento, por várias razões, aproximavam-se muito mais das contagens do período dito *pré-censitário* do que dos recenseamentos realizados após a padronização promovida pela Organização das Nações Unidas (ONU), logo depois da Segunda Guerra Mundial (1939-1945). Por exemplo, o estabelecimento da periodicidade decenal deu-se apenas a partir de 1940, para a maior parte dos países que realizavam a contagem sistemática de sua população. Entre 1945 e 1954, 65 países-membros da ONU colocaram seus dados demográficos à disposição da nascente Comissão de População das Nações Unidas. O primeiro *Anuário Estatístico* das Nações Unidas apareceu em 1948. Atualmente, considera-se que por todo o planeta realize-se a contagem periódica, o armazenamento e o processamento de dados demográficos.

O órgão responsável pelo processamento mundial de dados demográficos dos diferentes países é a Divisão de Estatística da ONU[1], cujas principais funções são:

1. coleta, processamento e disseminação de informações estatísticas;
2. padronização de definições, classificações e métodos estatísticos;
3. participação em programas de cooperação técnica;
4. coordenação de programas e atividades internacionais ligados à estatística.

(2.3)
Censos no Brasil: 1872-2020

Até 1872, os dados sobre a população brasileira eram obtidos apenas por meio de relatórios de autoridades eclesiásticas e funcionários da Coroa Portuguesa. Os ouvidores apresentavam às autoridades metropolitanas estimativas populacionais periódicas esparsas para uso geral da polícia. Por volta da metade do século XVIII, a Coroa Portuguesa começou a contingenciar a população livre e adulta, para fins militares e fiscais. Seria necessário pouco mais de um século para que o primeiro censo fosse realizado no Brasil. Nem mesmo a mudança do estado de Colônia para Reino Unido ou mesmo a Independência motivaram as autoridades estabelecidas a realizar contagens mais substanciosas em informações demográficas.

---

1   *A metodologia detalhada utilizada pela Divisão de Estatística da ONU está disponível em: <https://unstats.un.org/unsd/methodology/m49/>. Acesso em: 25 jun. 2020.*

Durante o período Imperial (1822-1889), o primeiro órgão com atividades exclusivamente estatísticas era a Diretoria Geral de Estatística, criada em 1871. Antes dela, a tarefa de obtenção de informações sobre a população do país dividiu-se entre o Ministério da Fazenda – para fins tributários – e o Instituto Histórico e Geográfico Brasileiro, fundado em 1838. Em 1872, foi realizado o primeiro recenseamento no país.

Com o fim da monarquia e a proclamação da República (1889), o governo militar de inspiração positivista recém-instalado manifestou certa necessidade de ampliar a base de dados demográficos existente. Essa necessidade nunca se refletiu em políticas efetivas de consolidação dos serviços de estatística no país por toda a República Velha (1889-1930). Mas, receoso da volta da monarquia e de um possível retrocesso na Lei Áurea, o primeiro gabinete republicano, liderado por Rui Barbosa (1889-1891), destruiu sistematicamente os documentos que indicassem posse de escravos, deixando apenas poucos registros em listas nominativas, inventários e demais fontes, para o trabalho póstumo dos demógrafos historiadores.

Entre 1889 e 1930, o órgão responsável pelas estatísticas no Brasil mudou de nome e de funções algumas vezes até 1934, quando foi extinto o Departamento Nacional de Estatística. Os primeiros censos da agricultura e da indústria foram realizados em 1920, com o apoio de organizações, associações e conselhos regionais, o que comprometeu a homogeneidade e a padronização dos dados coletados. Em 1935, foi criado o Instituto Nacional de Estatística (INE). No ano seguinte, foi instituído o Conselho Brasileiro de Geografia, incorporado ao INE, que passou a se chamar, então, *Instituto Brasileiro de Geografia e Estatística* (IBGE), nome que permanece atualmente.

O IBGE realizou, assim, em 1940, o primeiro censo brasileiro com detalhamento e qualidade de dados reconhecidos internacionalmente.

A partir de 1940, o censo populacional incorporaria, além da agricultura e da indústria, dados sociais, econômicos e de infraestrutura, como serviços, energia e comunicações.

Em 1960, foram incluídos dados da construção civil, engenharia elétrica, comércio e administração de imóveis. O censo agrícola mudou para agropecuário em 1970, com a inclusão de dados prediais e das instituições de crédito e seguradoras. A periodicidade dos censos econômicos passou a ser quinquenal. Os censos populacionais continuaram com a periodicidade decenal até o final do século XX, com a exceção de 1991. A administração do presidente Fernando Collor de Mello (1990-1992) não conseguiu organizar a tempo a realização do Censo de 1990, atrasando-o para o ano seguinte.

Depois do censo de 1991, o IBGE fez mudanças mais drásticas na composição da metodologia dos questionários, procedendo à reformulação de perguntas e da estratégia das pesquisas e abordagens do entrevistado, o que refletiu no censo de 2000. Em 2010, foram incorporadas novas tecnologias de informação e comunicação que possibilitaram ao Brasil a primazia de realização do primeiro censo demográfico digital do mundo. Esse feito suscitou o prêmio Net Explorateur, conferido, em 2011, pela Organização das Nações Unidas para a Educação, Ciência e Cultura (*United Nations Educational, Scientific and Cultural Organization* – Unesco).

O censo seguinte, cujos trabalhos iniciais estavam previstos para 2015, em razão de contenção orçamentária, foi adiado para 2016 e, depois, adiado novamente, por tempo indeterminado. O censo previsto para 2020 foi também adiado, em razão da pandemia da covid-19.

Em complementação e cotejo dos censos populacionais, há outros dois instrumentos de coleta primária: um, a **pesquisa nacional por amostra de domicílios** (PNAD); o outro, o registro civil.

Desde 1967, a PNAD é realizada a cada três meses, com a finalidade de reunir informações sobre o mercado de trabalho no país. Em seu início, a PNAD era feita apenas nas regiões metropolitanas do sudeste brasileiro, estendendo-se, a partir de 1970, às demais metrópoles regionais do país, em consolidação anual. Em virtude de seu caráter amostral, de temporalidade estreita e restrito territorialmente (zonas metropolitanas), a PNAD constitui uma variável aproximada que serve a estimativas cotejadas posteriormente com informações censitárias.

O **registro civil**, diferentemente do censo, acompanha a evolução das variáveis populacionais ao longo do tempo. Assim, enquanto no censo há uma concentração no indivíduo, a unidade de numeração do registro civil é o evento demográfico, entendido como vital, ou seja, pertinente a um fato da vida do indivíduo ou fatos comuns de um conjunto de indivíduos, como nascimentos, mortes, casamentos, divórcios etc.

Na América Latina, os primeiros países a criarem uma legislação específica referente ao registro civil de nascimentos foram o México, a Venezuela e o Peru, ainda em meados do século XIX. O registro censitário dos dados populacionais por aqueles países auxiliou na consolidação dos então recentes processos de independência pelos quais passavam as ex-colônias. Dadas as condições peculiares da independência brasileira, que manteve a forma monárquica com a dinastia portuguesa e a escravidão, a evolução dos serviços de registro público apresentou maior morosidade. No Brasil, o Registro Civil foi criado somente em 1888, durante gabinete imperial de Affonso Celso, o Visconde de Ouro Preto, que retirou essa prerrogativa da Igreja.

Mesmo o fim da escravidão e da monarquia não trouxe mais celeridade à implementação de serviços de registro e estatística no

Brasil, o que afetou aspectos mais rudimentares da vida material. Por exemplo, apenas em 1939, já sob o Estado Novo (1937-1945), a realização de enterros demandaria a figura do atestado de óbito. Ao longo do século XX, coexistiram dois sistemas na coleta de dados demográficos: o primeiro centralizava-se na figura do IBGE e dos censos demográficos; o segundo, paralelamente, era o registro civil no Poder Judiciário, descentralizado pelos cartórios.

Os dados coletados nos censos e no registro civil não estão livres de erros, que prejudicam a qualidade dos dados na razão direta de sua incidência. Os erros mais comuns são:

1. **Subnumeração**: Ocorre quando se conta um valor menor do que o efetivo. Exemplo: no cômputo dos indivíduos em um domicílio, o pesquisador marca apenas os presentes, esquecendo-se de perguntar o número de moradores do domicílio.
2. **Sobrenumeração**: Ocorre quando a contagem afere um valor maior do que o efetivo. Exemplo: no registro do número de eletrodomésticos em um domicílio, o inquirido, por alguma razão, oferece um número maior de televisores do que o de fato existente.
3. **Erro de classificação**: Ocorre quando uma observação é colocada numa categoria à qual não pertence. Exemplo: no preenchimento da certidão de nascimento, o funcionário do cartório, por qualquer razão, marca erroneamente o sexo do indivíduo.

Um dos indicadores de desenvolvimento de um país está em sua capacidade de oferecer dados censitários e cadastrais de qualidade aos pesquisadores e planejadores de políticas públicas.

As normas, as metodologias e os procedimentos do IBGE na coleta de dados censitários e na realização de pesquisas amostrais estão no *site* do instituto, que consta nas Referências.

Síntese

A contagem é a base da construção dos dados demográficos, entretanto, suas limitações de tempo e de espaço conferem ao resultado do procedimento o *status* de dado. Circunstâncias diversas podem gerar espaços de informação entre censos, os quais podem ser preenchidos pelas estimativas, que, por meio de diversos métodos inferenciais, buscam suprir, da melhor maneira possível, a ausência do dado censitário.

Os censos existem desde a Antiguidade, tendo maior aprimoramento, extensividade e padronização a partir da metade do século XVIII, configurando o surgimento de um período censitário nos estudos demográficos. A partir do final da Segunda Guerra Mundial, com a criação da Organização das Nações Unidas (ONU), em 1949, houve uma intensificação desse processo, tornando a prática censitária comum em todo o globo. O Brasil seguiu a tendência mundial, tendo seu primeiro censo em 1872. Um dos indicadores de desenvolvimento de um país é sua capacidade de produzir e disponibilizar informação demográfica.

Atividades de autoavaliação

1. Assinale a alternativa que indica condição(ões) **dispensável(is)** para que um censo seja reconhecido como tal:
   a) Respaldo legal.
   b) Temporalidade e territorialidade.
   c) Periodicidade e simultaneidade.
   d) Enumeração individual de todos os elementos da população.
   e) Realização de estimativas prévias.

2. Assinale a alternativa que indica o caso em que estimativas **não** são realizadas:
   a) Não há dados censitários.
   b) É necessário saber um dado situado entre duas observações censitárias.
   c) Há necessidade de previsões.
   d) Há necessidade de estimar dados retroativos aos censos.
   e) Há dados censitários confiáveis.

3. Assinale a alternativa que indica quando os primeiros censos modernos surgiram:
   a) Entre 1748 e 1760, na região da península escandinava, na Europa.
   b) Em 1078, na Inglaterra, com o *Doomsday Book*.
   c) Em 1790, nos Estados Unidos da América.
   d) Entre os séculos I e III d. C, pelo Império Romano.
   e) Nenhuma das alternativas anteriores está correta.

4. Assinale a alternativa que indica uma finalidade dos censos:
   a) Fiscal.
   b) Militar.
   c) Política.
   d) Científica.
   e) Todas as alternativas anteriores estão corretas.

5. Assinale a alternativa que indica a instituição responsável pela organização dos censos no Brasil:
   a) ONU.
   b) IBGE.
   c) Ipea.
   d) Ministério do Planejamento.
   e) CNPq.

Atividades de aprendizagem

Questões para reflexão

1. O que são censos?

2. O que são estimativas?

3. Quais características permitem classificar um levantamento como sendo um censo válido? Por que essas características seriam consideradas válidas?

4. Qual a importância de realizar censos periódicos e estudos demográficos para o governo?

5. Quais os principais tipos de erros que podem ser encontrados nos dados censitários e de registro civil? Como esses erros causam problemas à análise?

Atividade aplicada: prática

1. Consulte, no *site* do IBGE, a nota técnica do último censo realizado no Brasil. Observe e comente em sala de aula ou evento sincrônico.

Capítulo 3
Crescimento e distribuição

Populações não são elementos estáticos. Apesar de seus dados refletirem medidas instantâneas, seu movimento pelo tempo e pelo espaço é sua principal característica. Populações são, assim, fluidas nessas duas dimensões. Embora possam ser contadas, sua contagem nada mais é do que uma informação efêmera e fadada à mudança. A fixação de contingentes populacionais pelo planeta é, portanto, uma história da sua impermanência e da tendência à instabilidade e permanente transformação. Contudo, mesmo essas características podem ser observadas e descritas em termos de quantidades. O volume e o ritmo desses movimentos são relevantes ao estudioso das populações. Nesse sentido, o crescimento, tanto em termos absolutos quanto relativo a tempo e espaço, encontra seus indicadores constituídos por meio da contagem e do cálculo de taxas de variação.

Outro elemento caro ao estudo das populações em seu sentido mais amplo é a natureza da dispersão dos contingentes populacionais. Populações não são, também, por natureza, massas homogêneas em sua dispersão no espaço. Sua concentração, aliás, pode se dever a fatores das mais diferentes ordens, os quais também são da maior relevância ao estudo da demografia. Esses assuntos serão o tema deste capítulo.

(3.1)
Definição e tipologia
do crescimento populacional

Crescimento populacional é a **variação positiva em uma população em um dado intervalo de tempo.** Existem dois tipos de crescimento populacional:

> 1. **Crescimento vegetativo**: É a diferença entre nascimentos e mortes em uma população, num dado intervalo de tempo.
> 2. **Crescimento migratório**: É a diferença entre imigrações e emigrações, em um dado intervalo de tempo.

O crescimento populacional num dado período seria, então, o resultado da soma do crescimento migratório com o crescimento vegetativo. Assim:

> crescimento populacional = crescimento vegetativo + crescimento migratório

Os fatores que interferem no crescimento vegetativo estão diretamente relacionados à **natalidade** e à **mortalidade** de uma população. Fatores como a fertilidade e a estrutura familiar têm peso na natalidade. Já na mortalidade são importantes a expectativa de vida e a taxa de óbitos por faixa etária. Por meio desses fatores, razões de ordem cultural e, até mesmo, particularidades geracionais podem adquirir relevância na estrutura e na dinâmica desse crescimento, considerado basal na composição das populações.

Quanto maior for o volume e o ritmo da natalidade e menor for o ritmo da mortalidade, maior será o crescimento vegetativo. Entretanto, populações que apresentem uma elevada natalidade, mas uma baixa expectativa de vida associada a uma elevada mortalidade infantil, terão reduzido seu crescimento vegetativo. O mesmo acontecerá com populações que apresentem elevada expectativa de vida, mas baixa natalidade.

A fórmula do crescimento vegetativo de uma população em um dado intervalo de tempo é a seguinte:

> crescimento vegetativo = nascimentos – mortes

As variáveis determinantes do crescimento migratório são múltiplas, podendo ir de fenômenos sazonais até mudanças na divisão do trabalho e nas relações de produção no espaço, para citarmos dois exemplos mais imediatos. Por exemplo, a expansão industrial de uma região pode atrair contingentes populacionais de outras regiões. Um desastre ambiental em uma região, como a contaminação de um rio importante para o abastecimento, ou uma série de queimadas nas florestas locais certamente expulsará a população em torno de sua área, reduzindo o contingente. Mesmo fenômenos políticos e sociais podem atrair ou expulsar massas populacionais com relativa rapidez. Assim, o crescimento migratório será maior quanto maior for o número de **imigrantes** recebidos e menor o número de **emigrantes** enviados a outras regiões.

A fórmula de crescimento migratório de uma população em um dado intervalo de tempo é:

> crescimento migratório = imigrações − emigrações

As migrações tratam de uma dinâmica de populações humanas movimentando-se entre territórios de maneira permanente ou temporária. Os motivos desses deslocamentos são múltiplos: postos de trabalho, oportunidades de renda, melhores condições de subsistência, perseguições políticas e religiosas, entre outros. O crescimento migratório é considerado mais volátil do que o vegetativo por apresentar uma proporção de elementos mais conjunturais, circunstanciais até, em sua motivação. Isso não significa que elementos estruturais não motivem movimentos migratórios, nem que fatores conjunturais não interfiram em nascimentos e mortes, mas que há mais proximidade entre elementos de longa duração ou permanência e a composição de domicílios, e a movimentação dos contingentes desses domicílios por meio de elementos mais imediatos, ou efêmeros.

> **Importante!**
>
> As mudanças na conjuntura tendem, portanto, a favorecer os movimentos migratórios, em primeiro lugar, e as transformações basais na materialidade das sociedades tendem a afetar a composição vegetativa de suas populações.

A globalização, para citarmos um exemplo contemporâneo, tem sido um agente poderoso de movimentos populacionais migratórios, dados pelas relações de permuta comercial e financeira incorporadas a uma economia crescente, internacional, aberta, integralizada e sem fronteiras. A questão mais explícita da globalização atualmente é a do crescimento hegemônico do sistema financeiro e econômico global sobre os nacionais e locais, estendendo seu impacto nos orbes das temáticas políticas, culturais, sociais e, até mesmo, ambientais e geográficas. Todas essas categorias diferenciadas sofrem mudanças aceleradas devido à drástica redução dos custos financeiros e temporais de transação, resultando em matrizes de características próprias, ritmos e características individuais, gerando, em consequência, uma tensão entre elas, conduzindo à instabilidade e à flutuação endêmica das condições materiais do sistema.

Todas essas transformações trazidas pela globalização têm impacto direto sobre os movimentos migratórios. A globalização, ao expandir o fluxo de informações em relação às oportunidades, às comodidades, ou mesmo às expectativas de padrão de vida em países com maior desenvolvimento industrial, fomenta movimentos migratórios de contingentes populacionais em busca de chances e acessos ao que lhes é negado em seu lugar de origem.

(3.2)
Taxa de crescimento demográfico

Trata-se de um índice que permite observar o crescimento percentual – em geral, ano a ano – de uma população. A taxa de crescimento demográfico tem a seguinte fórmula:

$$G = \frac{P_n - P_{n-1}}{P_{n-1}}$$

Em que:

> G = taxa de crescimento demográfico (em termos percentuais);
> P_n = população absoluta no instante n;
> P_{n-1} = população absoluta no instante $n - 1$.

(3.3)
Densidade demográfica

O volume de uma população adquire sentido quando comparado com o espaço em que ela vive. A dispersão populacional no território pode informar aspectos de suma relevância no que diz respeito às relações produtivas, às redes e fluxos de bens e serviços, às simples decisões ligadas ao bem-estar básico, como moradia, saneamento, segurança e deslocamento.

> **Fique atento!**
>
> Uma região populosa, ou seja, com população elevada, pode ou não ser povoada, de acordo com sua extensão territorial.

Para se medir a concentração de pessoas em uma área territorial, existe o conceito de densidade demográfica. Ele é obtido pelo quociente da razão entre a população absoluta e a área de um território, como na seguinte fórmula:

$$D = \frac{Pa}{A}$$

Em que:

D = densidade demográfica;
Pa = população absoluta;
A = área.

A alta densidade demográfica está mais relacionada à migração do que ao crescimento vegetativo. O determinante desses movimentos está na existência de fatores atrativos (melhores condições de vida, melhores salários, maior disponibilidade de bens de consumo, melhores oportunidades de emprego, melhor rede de serviços públicos etc.) e repulsivos (poluição, desemprego, ineficácia dos serviços públicos, carestia, restrições de consumo e bem-estar etc.), que interferem na concentração ou na dispersão populacional por um território. Tais movimentos parecem obedecer à lógica do custo de oportunidade, ou seja, movimentos de concentração populacional em áreas urbanas se dão de maneira mais rápida e em maior magnitude do que, salvo exceções (catástrofes naturais e guerras, por exemplo), movimentos de desconcentração populacional.

(3.4)
Crescimento e densidade no mundo e no Brasil

Mundo

Estima-se que, no ano de 1650, o planeta era habitado por 553 milhões de pessoas. Esse número passou de 1 bilhão em 1850 e ultrapassou o valor de 2 bilhões em 1930. A população de 1940, que viveu em meio à Segunda Guerra Mundial (1939-1945), contava 2,249 bilhões de habitantes.

Mas o crescimento maior veio no pós-guerra. A capacidade de dobra da população, que era de 150 anos para o período 1650-1800, passou a 100, no período 1800-1900. Com a passagem da cifra de 6 bilhões de habitantes no ano 2000, a capacidade de a população mundial gerar o seu dobro reduziu-se a 40 anos. A Organização das Nações Unidas (ONU) estima que a população global tenha chegado a 7,7 bilhões em abril de 2019 e atinja os 11,2 bilhões em 2100 (United Nations, 2019).

A explosão demográfica mundial encontra seu ápice na chamada *Era de Ouro* do século XX (1953-1971), com taxas de crescimento populacional de 1,8% observadas entre 1955 e 1975, chegando a 2,06% entre 1965 e 1970. Esse crescimento caiu para 1,18% entre 2010 e 2015 e é projetado que chegue a apenas 0,13% no ano de 2100, segundo a ONU. O número de nascimentos anuais atingiu um pico na década de 1980, com mais de 139 milhões de nascimentos. Espera-se que, nos próximos anos, o número de nascimentos permaneça em torno dos 135 milhões (observados em 2011), enquanto o número de mortos chegue a 80 milhões anuais até 2040 (United Nations, 2019).

A Ásia abrigava, em 2014, mais de 60% da população mundial, com mais de 4 bilhões. A China e a Índia, somadas, continham 37% do total de pessoas no mundo. Essa marca é seguida pela África, com 1 bilhão de pessoas, constituindo 15%. Com 733 milhões de pessoas, o continente europeu correspondia a 12% da população mundial. A América Latina, com uma população de 639 milhões, correspondia a 9%; a América do Norte, com 358 milhões, a 5%; e a Oceania, em torno de 35 milhões, concentrava 0,5%, completando o quadro (Central Intelligence Agency, 2014).

China e Índia, os países mais populosos do mundo, concentravam quase 40% da população total do planeta em 2019. A diferença para os demais países, no *ranking* dos 20 mais populosos do globo, era significativa: as populações bilionárias de chineses e indianos não permitiriam comparação absoluta com as dos países classificados na tabela a seguir.

Tabela 3.1 – Países mais populosos em 2019 (estimativas governamentais)

	País	População
1	China	1.394.550.000
2	Índia	1.343.500.000
3	Estados Unidos da América	328.700.000
4	Indonésia	268.074.600
5	Brasil	210.147.125
6	Paquistão	207.774.000
7	Nigéria	193.392.517
8	Bangladesh	166.054.000
9	Russia	146.793.744
10	México	126.577.691
11	Japão	126.320.000
12	Filipinas	107.208.000
13	Etiópia	98.665.000
14	Egito	98.313.500

(continua)

(Tabela 3.1 – conclusão)

	País	População
15	Vietnã	95.354.000
16	Rep. Democrática do Congo	86.727.573
17	Alemanha	82.979.100
18	Irã	82.207.000
19	Turquia	82.003.882
20	França	66.992.000

Fonte: Elaborado com base em United Nations, 2019.

A situação muda de figura quando a população é analisada em sua densidade territorial. Países com populações absolutas reduzidas, em comparação com os "gigantes" asiáticos, mas que apresentavam, em 2017, grande concentração territorial, passam a encabeçar a lista. É notável que a Índia, ainda assim, ocupasse a 18ª colocação, com 408 habitantes por quilômetro quadrado.

Tabela 3.2 – Países mais povoados: 2017 (habitante/km²)

	País	População/km²
1	Macau	20.130
2	Cingapura	8.039
3	Bahrein	1.842
4	Malta	1.313
5	Maldivas	1.267
6	Bangladesh	1.117
7	Palestina	819
8	Barbados	674
9	Ilhas Maurício	628
10	Aruba	555
11	Líbano	578

(continua)

(Tabela 3.2 – conclusão)

	País	População/km²
12	Coreia do Sul	505
13	Ruanda	462
14	Comores	446
15	Burundi	429
16	Porto Rico	415
17	Países Baixos	410
18	Índia	408
19	Haiti	395
20	Israel	377

Fonte: Elaborado com base em United Nations, 2017.

O ritmo do crescimento populacional também é importante, porque indica o potencial de população que um país pode vir a apresentar no futuro. Em 2010, as maiores taxas de crescimento populacional encontravam-se entre países extremamente subdesenvolvidos dos continentes asiático e africano. A falta de planejamento familiar, fatores culturais e a própria forma na qual vem se estruturando a divisão internacional do trabalho no último século e meio parecem ser as razões mais imediatas dessa condição. O desafio do planejamento do desenvolvimento econômico global certamente passará pela provisão do acesso à riqueza dessas populações.

Tabela 3.3 – Mundo: maiores taxas anuais de crescimento demográfico – 2005-2010

	País	(% a.a.)
1	Libéria	4.50
2	Burundi	3.90
3	Afeganistão	3.85

(continua)

(Tabela 3.3 – conclusão)

	País	(% a.a.)
4	Saara Ocidental	3.72
5	Timor-Leste	3.50
6	Níger	3.49
7	Eritreia	3.24
8	Uganda	3.24
9	Rep. Democrática do Congo	3.22
10	Palestina	3.18
11	Jordânia	3.04
12	Mali	3.02
13	Benim	3.02
14	Guiné-Bissau	2.98
15	Iêmen	2.97
16	Somália	2.92
17	Burkina Faso	2.89
18	Chade	2.88
19	Emirados Árabes Unidos	2.85
20	Angola	2.78

Fonte: Elaborado com base em United Nations, 2019.

Estimativas da ONU apontam para uma população de 11,2 bilhões em 2100. Esses dados consideram uma desaceleração no crescimento demográfico até o fim do século XXI, caindo abaixo de 1% anual a partir de 2020, e abaixo de 0,5% ao ano, após 2050. O século XXI terminaria com uma taxa de crescimento demográfico anual de 0,04% no planeta.

Tabela 3.4 – Mundo: taxas médias anuais de crescimento populacional[1]

Anos	Taxa Média (% a.a.)
1950–1955	1,78
1955–1960	1,80
1960–1965	1,91
1965–1970	2,05
1970–1975	1,95
1975–1980	1,78
1980–1985	1,77
1985–1990	1,79
1990–1995	1,51
1995–2000	1,34
2000–2005	1,26
2005–2010	1,23
2010–2015	1,18
2015–2020	1,09
2020–2025	0,98
2025–2030	0,87
2030–2035	0,78
2035–2040	0,69
2040–2045	0,61
2045–2050	0,53
2050–2055	0,45
2055–2060	0,38

(continua)

---

[1] 2015 em diante são estimativas.

(Tabela 3.4 – conclusão)

Anos	Taxa Média (% a.a.)
2060–2065	0,32
2065–2070	0,27
2070–2075	0,22
2075–2080	0,18
2080–2085	0,14
2085–2090	0,11
2090–2095	0,08
2095–2100	0,04

Fonte: Elaborado com base em United Nations, 2019.

Brasil

Em 1872, ano do primeiro recenseamento oficial do Brasil, contaram-se 9,93 milhões de pessoas no país. Quase um século depois, a população brasileira decuplicou, chegando a mais de 90 milhões. Os imigrantes vindos no início do século e entre as duas guerras mundiais (1914-1918 e 1939-1945) complementaram um crescimento vegetativo que acompanhou o desenvolvimento do próprio país, que, em 2019, com pouco mais de 210 milhões de habitantes, representava a quinta população do mundo, como observamos no Tabela 3.1.

Ainda assim, o Brasil não é um país densamente povoado: segundo dados do Instituto Brasileiro de Geografia e Estatística (IBGE), em 2018, o Brasil tinha uma população de 208,4 milhões habitantes dispersos em uma área de 8.515.767,049 km². Ou seja, uma densidade demográfica de 24,47 habitantes por quilômetro quadrado.

Gráfico 3.1 – Brasil: população, 1872-2019, em milhões de habitantes[2]

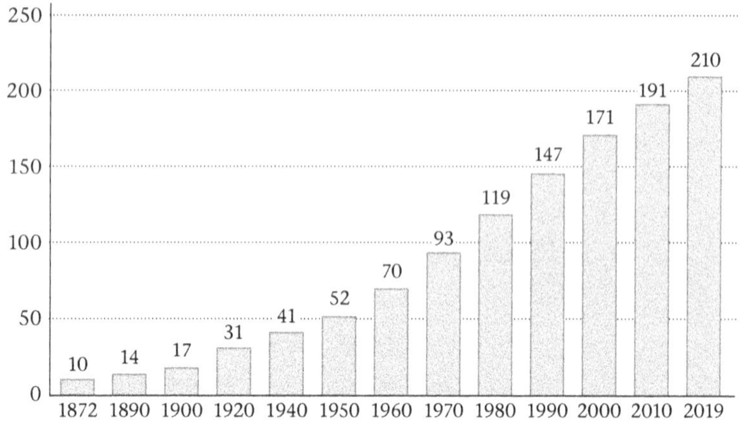

Ano	População (milhões)
1872	10
1890	14
1900	17
1920	31
1940	41
1950	52
1960	70
1970	93
1980	119
1990	147
2000	171
2010	191
2019	210

Fonte: Elaborado com base em IBGE, 2011.

Existem profundas disparidades regionais no Brasil, resultantes de aspectos presentes na formação de sua sociedade, sua economia e, mesmo, do chamado Estado nacional. A vasta área territorial do país, com mais de 8 milhões de quilômetros quadrados, indica enormes diferenças de densidade demográfica em razão de fatores socioeconômico-culturais diversos.

Para o ano de 2050, projeta-se uma população brasileira de pouco mais de 233 milhões.

---

2   Dados censitários, exceto (*) como estimativa.

Síntese

O crescimento e a densidade são aspectos de tempo e espaço da dinâmica das populações. O crescimento diz respeito ao volume da população e a densidade mostra sua dispersão pelo espaço. O volume demográfico e sua dispersão dependem de variáveis endógenas, vegetativas, ligadas a nascimentos e óbitos, e de variáveis exógenas, ligadas, por sua vez, aos movimentos migratórios, os quais têm as mais diversas causas.

O crescimento demográfico mundial observa ainda focos de explosão demográfica em algumas regiões que concentram não apenas significativas taxas elevadas, mas também altas taxas de concentração, ou densidade populacional.

Nesse ambiente, o Brasil apresenta, em razão de suas peculiaridades no desenvolvimento, um crescimento moderado, com focos de concentração demográfica nos centros urbanos.

Atividades de autoavaliação

1. Assinale a alternativa que indica a que dizem respeito crescimento e densidade populacionais, respectivamente:
   a) Dispersão e volume.
   b) Dinâmica e morfologia.
   c) Estimativa e dispersão.
   d) Volume e dispersão.
   e) Volume e dinâmica.

2. Assinale a alternativa que indica como é calculado o crescimento populacional:
   a) Pelo número de nascimentos menos o número de óbitos em um determinado intervalo de tempo.
   b) Pelo número de nascimentos menos as migrações em um determinado intervalo de tempo.
   c) Pelo total de migrações mais o número de nascimentos em um determinado intervalo de tempo.
   d) Pelo total de habitantes contabilizados em um território em um determinado intervalo de tempo.
   e) Nenhuma das alternativas anteriores.

3. Assinale a alternativa que indica por qual fluxo é dado o crescimento migratório:
   a) Fluxo de nascimentos e mortes em um determinado intervalo de tempo.
   b) Fluxo de entradas e saídas de indivíduos residentes em um determinado intervalo de tempo.
   c) Fluxo de crescimento vegetativo menos o crescimento populacional.
   d) Fluxo de turistas que entram e saem de um território, temporariamente.
   e) Nenhuma das alternativas anteriores.

4. Assinale a alternativa que indica como ocorre uma elevada densidade demográfica:
   a) Por uma elevada concentração de terra por indivíduo.
   b) Por uma elevada concentração de indivíduos em um território.
   c) Por um fluxo emigratório elevado em um território.

d) Por fatores externos a elementos ligados à ocupação territorial.
e) Nenhuma das alternativas anteriores.

5. Assinale a alternativa que indica quais eram os países mais populosos do mundo no início do século XXI:
a) Brasil e China.
b) EUA e China.
c) Índia e China.
d) Brasil e EUA.
e) EUA e Índia.

Atividades de aprendizagem

Questões para reflexão

1. Como os componentes do crescimento populacional interferem no processo? Justifique.

2. Quais problemas demográficos podem decorrer da densidade demográfica? Reflita e mostre pelo menos dois casos.

3. Quais fatores mais afetam o crescimento populacional na atualidade? Quais políticas populacionais interfeririam neles?

Atividade aplicada: prática

1. Por meio de pesquisa na internet, reconheça, no mundo, as regiões mais e menos populosas e povoadas. Discuta os resultados em grupo presencial ou reunião sincrônica.

Capítulo 4

Tipologias populacionais:
alguns indicadores

Neste capítulo, analisaremos o conceito e a construção de indicadores demográficos relacionados à análise de características fenotípicas, como dispersão de gênero, dinâmica da fecundidade e expectativa de vida de uma população.

Para se afirmar algo sobre um objeto, é preciso ter informações sobre ele. O trabalho com dados empíricos – especialmente com a constituição de quantidades, ou informações quantitativas – demanda a construção de indicadores para que o passo inicial da coleta na pesquisa tenha o seguimento da análise das informações obtidas. Isso acontece com todas as ciências que usam empiria em sua formulação teórico-discursiva. Não é diferente com a ciência da população.

(4.1)
Indicadores demográficos

Indicadores demográficos são o resultado do trabalho dos demógrafos sobre os dados brutos da população. Há quatro possibilidades de manuseio dos dados brutos para a construção de indicadores: agregação, dissociação, rol e série temporal.

A **agregação** é a primeira vista sobre a massa de dado e reflete as identidades nela observadas. Dada uma população, podemos considerá-la no máximo grau de agregação como sendo composta por **indivíduos**. Com base nessa identidade comum, identificamos as semelhanças e as diferenças entre seus entes. A agregação é, portanto, a forma de observarmos a população em sua totalidade, em seu volume e sua dinâmica.

Identificadas as diferenças entre os indivíduos, surge a **dissociação**. Com base em características observadas, criamos grupos em que elas sejam comuns, ou seja, categorias. Em uma dada população, por exemplo, podemos estabelecer, arbitrariamente, uma primeira divisão entre homens e mulheres, crianças e idosos, altos e baixos, brancos, negros, ricos, pobres etc., refinando essa divisão – por meio do reconhecimento de novas diversidades observadas nas categorias anteriormente estipuladas – até a criação de categorias dissociativas, como gênero, idade, etnia, renda, entre outras. A dissociação permite observar o comportamento do grupo em relação à população agregada, em suas particularidades, nuances e diversidades.

As tipologias populacionais, portanto, seguem as particularidades que caracterizam as populações.

Há também o **rol**, ou a **relação**, que é uma lista composta por um instantâneo dos dados obtidos em uma dada população, dissociada sob os vários grupos nela estipulados. O rol permite a comparação entre os grupos e as categorias em seu comportamento no instante da coleta dos dados.

É possível também observarmos, pela construção de **séries temporais**, o comportamento de uma dada informação quantitativa sobre uma população, ou um grupo dela, ao longo do tempo. Novamente, as semelhanças e diferenças observadas são relevantes, mas as eventuais permanências ou transformações da variável oferecem a dimensão temporal ao que representava, em uma primeira vista, uma observação pontual, efêmera. Com base nas séries temporais, é possível observar não apenas a evolução de uma informação quantitativa, mas também sua dinâmica.

Indicadores quantitativos trabalham, de maneira mais ou menos combinada, essas quatro possibilidades de manuseio. Como já afirmamos, a demografia não é exceção à regra. Este capítulo mostra alguns indicadores mais comuns à análise dos dados populacionais, que representam tipos de indicadores possíveis de serem construídos, praticamente, por meio de qualquer base de dados que envolvam quantidades. Eles aparecem, em primeiro lugar, por seu uso mais difundido nos estudos que abrangem população, mas ressaltamos que eles podem ser construídos, matematicamente, com base em outras categorias dissociativas ou mesmo por meio de uma categoria estipulada pela demanda da análise.

De certa forma, o fim último dos censos é, exatamente, **o conhecimento da composição das populações pelos poderes vigentes.** Por mais que o levantamento desses dados possa suscitar suspeitas a quem os forneça – e isso aconteceu repetidas vezes na história censitária –, o exercício e o uso em si dessas suspeitas por seus detentores parece ser, em última análise, a questão relevante.

A seguir, apresentamos alguns dos principais indicadores usados nos estudos demográficos.

(4.2) Razão de sexo

Dentro da morfologia de uma população – ou seja, de suas características básicas –, a razão de sexo aponta a **quantidade relativa de indivíduos de um sexo em relação ao outro.**

- **Razão de masculinidade:** Verifica a relação entre o número de homens e mulheres. É dada pelo quociente do número de homens dividido pelo número de mulheres em uma população. Assim:

$$Rh = \frac{Ph}{Pm}$$

Em que:

> Rh = razão de masculinidade;
> Ph = população masculina;
> Pm = população feminina.

- **Razão de feminilidade**: Verifica a relação entre o número de mulheres e de homens. É dada pelo quociente do número de mulheres dividido pelo número de homens em uma população. Assim:

$$Rm = \frac{Pm}{Ph}$$

Em que:

> Rm = razão de feminilidade;
> Ph = população masculina;
> Pm = população feminina.

Aplicações práticas da razão de sexo
O número relativo de indivíduos de um sexo numa população serve como: (a) uma variável aproximada de índices ligados ao crescimento vegetativo, como a fecundidade; (b) indicador da estrutura da população referida, permitindo identificar a composição dos núcleos domiciliares, por exemplo, quando associado a índices como o de nupcialidade (ou, mais recentemente, de uniões estáveis).

Tanto quanto as mudanças na estrutura de composição de sexo de uma população, também são importantes os elementos de permanência. Existe forte relação entre o aumento da razão de feminilidade observada – em menor escala no mundo e, em maior, em países específicos – e a entrada da mulher no mercado de trabalho no início do século XX. As guerras mundiais de 1914 e de 1939 também contribuíram para isso. No entanto, o avanço nas conquistas sociais das mulheres nesse mesmo período parece estar relacionado, em grande parte, à ampliação do seu papel na sociedade, legitimada por sua participação cada vez maior na economia. Ainda parece existir, todavia, uma significativa parcela de reconhecimento a ser conquistada.

Por fim, é importante ressaltar que a razão serve como indicador a qualquer característica dissociada da população que se deseje analisar. Ela não se restringe, assim, ao gênero, mas a qualquer tipologia arbitrariamente estipulada.

(4.3) Pirâmides etárias

Pirâmides etárias apresentam informações de gênero e de idade em três eixos, a saber: quantidade, gênero e faixa etária. São dois gráficos contrapostos dos efetivos em cada faixa etária: um referente a mulheres e o outro, a homens, em dois histogramas com frequências de classe homogêneas, colocados lado a lado. Uma pirâmide etária é composta pelos seguintes elementos, que observamos no Gráfico 4.1, mais à frente.

1. Eixo ordenado – representa os grupos ou faixas de idade.
2. Eixo abscissa – quantidade de pessoas (em valor absoluto ou em porcentagem).
3. Base – parte inferior, com a população jovem.
4. Corpo – parte intermediária, representando a população adulta.
5. Ápice, topo ou cume – parte superior, com a população velha.

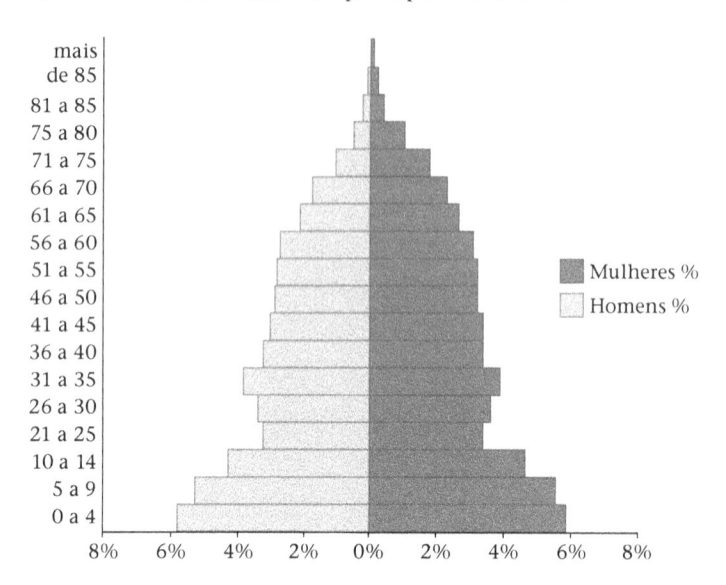

Gráfico 4.1 – Pirâmide etária de um país hipotético: ano 2006

[Pirâmide etária com faixas: mais de 85, 81 a 85, 75 a 80, 71 a 75, 66 a 70, 61 a 65, 56 a 60, 51 a 55, 46 a 50, 41 a 45, 36 a 40, 31 a 35, 26 a 30, 21 a 25, 10 a 14, 5 a 9, 0 a 4. Eixo horizontal de 8% a 8%. Legenda: Mulheres %, Homens %.]

A pirâmide etária de uma população, em um dado período, pode ser comparada a outra de um período diferente ou de uma população distinta. A finalidade dessa comparação obedece, em primeiro lugar, aos critérios de análise vertical, ou de série temporal, ou de análise horizontal, no segundo caso. Também é possível a combinação dos dois tipos de análise, ou seja, de estruturas de gênero e de idade em populações discretas em intervalos diferentes de tempo.

As diferenças entre os tipos de pirâmides etárias se dão na largura da base, na altura e na sua centralização. Como, nela, são indicados tanto aspectos absolutos quanto relativos do perfil populacional, é necessária a verificação de cada um desses itens.

A largura da base pode indicar, em termos absolutos, a quantidade do contingente. Uma base larga indica uma população com elevada natalidade. Em termos comparativos, uma base larga em comparação com o restante da pirâmide mostra reduzida expectativa de vida. Países que apresentam bases estreitas em relação ao restante de suas pirâmides podem apresentar problemas no crescimento vegetativo e grande dependência das migrações na composição de sua população. Um estreitamento na base da pirâmide pode indicar mortalidade infantil.

A altura da pirâmide etária indica a expectativa de vida de uma população. Quanto mais desenvolvido for o país, espera-se que sua longevidade e a altura de sua pirâmide etária sejam mais elevadas.

Uma pirâmide tendente à centralidade indica uma razão de sexo próxima à unidade. Deslocamentos à esquerda ou à direita mostram um predomínio da população masculina ou feminina, dependendo do posicionamento das coordenadas.

Eventos que afetem diretamente uma faixa etária e/ou um determinado sexo numa população podem interferir no formato da pirâmide. Por exemplo, as duas guerras mundiais (1914-1918 e 1939-1945) causaram um estrangulamento na faixa etária que, à época dos conflitos, encontrava-se em idade de recrutamento.

Via de regra, países desenvolvidos tendem a afinar e alongar suas pirâmides etárias. Países subdesenvolvidos, porém, lidam com pirâmides etárias de baixa estatura e largura da base muito maior do que a do topo. Obviamente, essas características das pirâmides etárias refletem mais diretamente a longevidade e o controle de natalidade de suas populações.

Gostaríamos, ainda, de chamar a atenção para outro aspecto no qual tem se prestado pouca atenção: o miolo da pirâmide, ou seja, a parcela composta da população entre 15 e 65 anos, que compõe a **população economicamente ativa** (PEA). Quanto mais extenso for esse intervalo etário da pirâmide em relação aos outros trechos, menor será a pressão da demanda total da população sobre a capacidade produtiva, e vice-versa.

(4.4)
Natalidade, mortalidade e expectativa de vida

Como já afirmamos, os determinantes diretos do **crescimento vegetativo** são a **natalidade** e a **mortalidade**. Este é tanto maior quanto maior for o número de nascimentos e – dado que a cada nascimento corresponde uma mortalidade no futuro – quanto maior for o tempo de sobrevivência do indivíduo nascido, ou seja, quanto maior for sua **longevidade**.

A observação de dados coletados permite a realização dessa estimativa. As tábuas de sobrevivência, com base em um modelo probabilístico, constroem uma esperança matemática, chamada *expectativa de vida*.

Natalidade
A taxa de natalidade é dada pela relação entre os nascidos vivos e a população total. Ela está ligada a dois fenômenos distintos: (1) a fecundidade, que corresponde ao total de nascimentos de uma população em um determinado intervalo de tempo; e (2) a fertilidade, que corresponde ao potencial de natalidade de uma população.

- **Taxa bruta de natalidade (TBN):** É a relação entre os nascidos vivos e a população total durante um dado intervalo de tempo (no caso, o intervalo mais comum é o de um ano), expressa em 1 mil habitantes. Assim:

$$TBNn = \frac{Nn}{Pn}$$

Em que:

TBNn = taxa bruta de natalidade;
Nn = nascimentos (computados apenas os nascidos vivos);
P_n = população total;
n = período.

Se a população sofre variações no decorrer de um ano, surge uma questão: Qual população utilizar para o cálculo da TBN?

Pedro Beltrão (1972, p. 142) sugere a **média simples** entre as populações registradas no início e no final do período. Carvalho, Sawyer e Rodrigues (2002, p. 20) sugerem um procedimento que envolve a aceitação da hipótese de um crescimento populacional geométrico para o cálculo da população no meio do ano base. As duas formas são válidas e aceitas, bastando ao usuário a descrição do procedimento de cálculo.

A taxa bruta de natalidade (TBN) depende: (a) da intensidade com que as mulheres têm filhos a cada idade; (b) do número de mulheres em idade fértil; e (c) da distribuição etária relativa das mulheres dentro do período reprodutivo.

- **Taxa de fecundidade**: A fecundidade representa o crescimento vegetativo efetivo de uma população. A taxa de fecundidade geral (TFG) é herdada pelo quociente entre o total de nascimentos e a população feminina com idade entre 15 e 49 anos. Assim:

$$TFGn = \frac{Nn}{Pmn_{15-49}}$$

Em que:

TFGn = taxa de fecundidade geral;
Nn = nascimentos;
Pmn = população feminina entre 15 e 49 anos;
n = período.

Existe também a taxa de fecundidade específica (TFE), em que se desagregam os nascimentos em faixas de idade da população feminina. Assim, são verificados os nascimentos dados nas mulheres entre 15 e 19 anos, 20 e 24 anos, e assim por diante.

- **Taxa de fertilidade**: A taxa de fertilidade é a estimação do potencial de fecundidade da população feminina e pode ser encontrada de várias formas, entre elas:
  - extensão da taxa de fecundidade específica de uma classe a outra(s);
  - estimação com base em uma taxa dada de crescimento vegetativo;
  - estimação com base na composição do lado feminino da pirâmide populacional;
  - estipulação: no caso, a taxa é dada; etc.

> **Fique atento!**
> Genericamente, a fertilidade representa o potencial reprodutivo de uma população e a fecundidade, o seu efetivo.

Mortalidade
Essa taxa é dada pelos óbitos ocorridos em uma população em um determinado espaço de tempo (no caso, um ano). Dela são excluídos os óbitos fetais e dos nascidos mortos.

- **Taxa bruta de mortalidade (TBM)**: Com a finalidade de serem feitas comparações no tempo e no espaço, a taxa bruta de mortalidade é a razão das mortes ocorridas numa população em um dado intervalo de tempo. Assim como a TBN, a TBM é dada por 1 mil habitantes:

$$TBMn = \frac{On}{Pn}$$

Em que:

TBMn = taxa bruta de mortalidade;
On = óbitos (excluídos os natimortos);
P_n = população total;
n = período.

A mesma questão referente ao emprego da população total observada na natalidade aparece no cálculo da mortalidade. A ela, aplica-se o mesmo procedimento, arbitrando-se a população total como a média anual ou o ponto médio anual da evolução do contingente.

A TBM depende: (a) da intensidade com que se morre a cada idade; e (b) da distribuição etária da população.

A importância da frequência de óbito por idade está ligada à diferença do "risco de morte" nas diferentes idades. Aceita-se o argumento do senso comum de que, em geral, idosos e recém-nascidos têm maior probabilidade de morrer do que adolescentes e adultos. A distribuição etária da população, por sua vez, incorpora o risco à escala de cada frequência de idade no contingente estudado.

Para o cálculo do risco de morte por faixa etária, há a **taxa específica de mortalidade** (TEM), também dada por 1 mil habitantes:

$$TEMx,n = \frac{Ox,n}{Px,n}$$

Em que:

TEMx,n = taxa específica de mortalidade da faixa etária x no ano n;
Ox,n = óbitos dados na faixa etária x, no ano n;
Px,n = população total da faixa etária x, no ano n;
n = período.
x = faixa etária

- **Taxa de mortalidade infantil (TMI)**: É calculada, na prática, como a TME para os óbitos de crianças com idade abaixo de 1 ano ocorridos durante o ano-base, usando-se como denominador o número de nascimentos do mesmo ano. Assim:

$$TMIn = \frac{Ox,n}{Nn}$$

Em que:

TMIn = taxa bruta de natalidade;
Nn = nascimentos (computados apenas os nascidos vivos);
P_n = população total;
n = período;
x = faixa etária (no caso, entre 0 e 1 ano de idade).

A taxa de mortalidade infantil é um importante indicador do grau de desenvolvimento social e econômico de um país, visto que um país que tenha condições de fazer com que suas crianças atinjam a idade adulta em condições dignas de existência não pode ser subdesenvolvido. Infelizmente, ainda hoje, essa não é a regra geral.

Expectativa de vida
É uma estimativa dos anos de vida pertinentes a determinada faixa etária de uma população, calculada com base nas tábuas de mortalidade. Trata-se de um indicador importante para o desenvolvimento econômico de um país, fazendo parte do índice de desenvolvimento humano (IDH).

Para calcularmos a esperança de vida de uma faixa etária da população, são necessários, em primeiro lugar, os dados referentes à probabilidade de morte (Qx) e à probabilidade de sobrevivência (Sx) de todas as faixas de idade.

A probabilidade de morte é dada por:

$$Q = \frac{o(x \to [x+1])}{Tx}$$

Em que:

Qx = probabilidade de morte na idade x;
o(x → x+1) = óbitos dados entre a idade x e $x + 1$;
Tx = sobreviventes à idade x.

Dessa forma, a probabilidade de sobrevivência (Sx) é deduzida, em 1 mil habitantes, por:

$$Sx = 1000 - (1000 * Q_{x-1})$$

Calculadas as probabilidades de morte e sobrevivência para todas as faixas de idade, é possível deduzir as expectativas de vida. A fórmula geral é a seguinte:

$$Ex = \frac{S_{x+1} + S_{x+2} + S_{x+3} + \ldots + S_w}{S_x} + 0{,}5$$

Em que[1]:

> Ex = expectativa ou esperança de anos de vida para a faixa etária x;
> S = probabilidade de sobrevivência (por faixa etária);
> x = ano-base.

Em particular, a fórmula da expectativa de vida ao nascer fica assim:

$$E_0 = \frac{S_{x+1} + S_{x+2} + S_{x+3} + \ldots + S_w}{S_0} + 0{,}5$$

Observe, como exemplo de cálculo, o Tabela 4.1.

Tabela 4.1 – Tábua de mortalidade do Brasil, em 2004

Idades Exatas (X)	Probabilidades de Morte entre Duas Idades Exatas Q (X, N) (Por Mil)	Óbitos D (X, N)	I (X)	L (X, N)	T(X)	Expectativa de Vida à Idade X E(X)
0	26,580	2658	100000	97672	7166419	71,7
1	2,567	250	97342	97217	7068747	72,6
2	1,382	134	97092	97025	6971530	71,8
3	1,039	101	96958	96908	6874505	70,9
4	0,754	73	96857	96821	6777597	70,0
5	0,504	49	96784	96760	6680776	69,0
6	0,415	40	96735	96715	6584016	68,1

(continua)

---

1 w ≠ x.

(Tabela 4.1 – continuação)

Idades Exatas (X)	Probabilidades de Morte entre Duas Idades Exatas Q (X, N) (Por Mil)	Óbitos D (X, N)	l (X)	L (X, N)	T(X)	Expectativa de Vida à Idade X E(X)
7	0,346	33	96695	96678	6487301	67,1
8	0,309	30	96662	96647	6390623	66,1
9	0,297	29	96632	96618	6293976	65,1
10	0,299	29	96603	96589	6197358	64,2
11	0,307	30	96574	96560	6100769	63,2
12	0,349	34	96545	96528	6004210	62,2
13	0,453	44	96511	96489	5907682	61,2
14	0,589	57	96467	96439	5811193	60,2
15	0,821	79	96410	96371	5714754	59,3
16	1,003	97	96331	96283	5618383	58,3
17	1,181	114	96235	96178	5522100	57,4
18	1,334	128	96121	96057	5425922	56,4
19	1,461	140	95993	95923	5329865	55,5
20	1,595	153	95853	95776	5233942	54,6
21	1,727	165	95700	95617	5138166	53,7
22	1,835	175	95534	95447	5042549	52,8
23	1,899	181	95359	95269	4947102	51,9
24	1,954	186	95178	95085	4851834	51,0
25	2,015	191	94992	94896	4756749	50,1
26	2,050	194	94801	94704	4661852	49,2
27	2,093	198	94606	94507	4567149	48,3
28	2,153	203	94408	94307	4472641	47,4
29	2,226	210	94205	94100	4378335	46,5
30	2,307	217	93995	93887	4284234	45,6

(continua)

(Tabela 4.1 – continuação)

Idades Exatas (X)	Probabilidades de Morte entre Duas Idades Exatas Q (X, N) (Por Mil)	Óbitos D (X, N)	l (X)	L (X, N)	T(X)	Expectativa de Vida à Idade X E(X)
31	2,389	224	93779	93667	4190347	44,7
32	2,479	232	93554	93439	4096681	43,8
33	2,575	240	93323	93202	4003242	42,9
34	2,681	250	93082	92957	3910040	42,0
35	2,797	260	92833	92703	3817083	41,1
36	2,930	271	92573	92437	3724380	40,2
37	3,084	285	92302	92159	3631942	39,3
38	3,263	300	92017	91867	3539783	38,5
39	3,465	318	91717	91558	3447916	37,6
40	3,686	337	91399	91231	3356358	36,7
41	3,925	357	91062	90883	3265127	35,9
42	4,188	380	90705	90515	3174244	35,0
43	4,477	404	90325	90123	3083729	34,1
44	4,790	431	89921	89705	2993606	33,3
45	5,135	459	89490	89260	2903901	32,4
46	5,502	490	89030	88785	2814641	31,6
47	5,876	520	88540	88280	2725856	30,8
48	6,241	549	88020	87746	2637575	30,0
49	6,630	580	87471	87181	2549830	29,2
50	7,040	612	86891	86585	2462649	28,3
51	7,495	647	86279	85956	2376064	27,5
52	8,018	687	85633	85289	2290108	26,7
53	8,624	733	84946	84580	2204819	26,0
54	9,304	784	84213	83822	2120239	25,2

(continua)

(Tabela 4.1 – continuação)

Idades Exatas (X)	Probabilidades de Morte entre Duas Idades Exatas Q (X, N) (Por Mil)	Óbitos D (X, N)	I (X)	L (X, N)	T(X)	Expectativa de Vida à Idade X E(X)
55	10,044	838	83430	83011	2036417	24,4
56	10,825	894	82592	82145	1953406	23,7
57	11,643	951	81698	81222	1871262	22,9
58	12,494	1009	80747	80242	1790039	22,2
59	13,388	1068	79738	79204	1709797	21,4
60	14,348	1129	78670	78106	1630593	20,7
61	15,390	1193	77541	76945	1552487	20,0
62	16,514	1261	76348	75718	1475542	19,3
63	17,732	1331	75087	74422	1399825	18,6
64	19,053	1405	73756	73053	1325403	18,0
65	20,455	1480	72351	71611	1252350	17,3
66	21,975	1557	70871	70092	1180739	16,7
67	23,691	1642	69313	68492	1110647	16,0
68	25,650	1736	67671	66803	1042155	15,4
69	27,839	1836	65935	65018	975352	14,8
70	30,200	1936	64100	63132	910334	14,2
71	32,713	2034	62164	61147	847202	13,6
72	35,424	2130	60130	59065	786055	13,1
73	38,347	2224	58000	56888	726990	12,5
74	41,496	2314	55776	54619	670101	12,0
75	44,875	2399	53462	52262	615482	11,5
76	48,506	2477	51063	49824	563220	11,0
77	52,422	2547	48586	47312	513396	10,6
78	56,653	2608	46039	44735	466084	10,1

(continua)

(Tabela 4.1 – conclusão)

Idades Exatas (X)	Probabilidades de Morte entre Duas Idades Exatas Q (X, N) (Por Mil)	Óbitos D (X, N)	l (X)	L (X, N)	T(X)	Expectativa de Vida à Idade X E(X)
79	61,225	2659	43431	42101	421349	9,7
80 ou mais	1000,000	40771	40771	379248	379248	9,3

Notas:

N = 1

Q(X, N) = Probabilidades de morte entre as idades exatas X e X+N.

l(X) = Número de sobreviventes à idade exata X.

D(X, N) = Número de óbitos ocorridos entre as idades X e X+N.

L(X, N) = Número de pessoas–anos vividos entre as idades X e X+N.

T(X) = Número de pessoas–anos vividos a partir da idade X.

E(X) = Expectativa de vida à idade X.

Fonte: IBGE, 2020a.

Expectativa de vida no início do século XXI

Observadas em longos intervalos de tempo, as informações sobre natalidade, mortalidade e expectativa de vida no mundo são positivas. No último meio século, a expectativa de vida aumentou em cerca de 20 anos. Considerados os últimos dois séculos, ela quase dobrou. Segundo dados da Organização das Nações Unidas – ONU (United Nations, 2019), a expectativa de vida ao nascer aumentou de 46,5 anos, em 1950-1955, para 65, em 1995-2000, como observamos no Gráfico 4.2.

O Brasil acompanhou essa evolução, estando sempre um pouco acima da média mundial: de 50,9 anos em 1950-1955 para 67,2 em 1995-2000 – mas um pouco abaixo da média da América Latina (de 51,4 para 59,3 anos). A diferença entre os países mais e menos desenvolvidos vem diminuindo: de uma distância de 25,2 anos entre as expectativas de vida dos dois grupos em 1950-1955 (41 contra 66,2 anos), a diferença caiu para 12 anos, menos da metade (62,9 contra 74,9). O país que apresenta atualmente a mais elevada expectativa de vida é o Japão, com 80,8 anos (United Nations, 2019).

Gráfico 4.2 – Mundo: Expectativa de Vida – 1950-2000

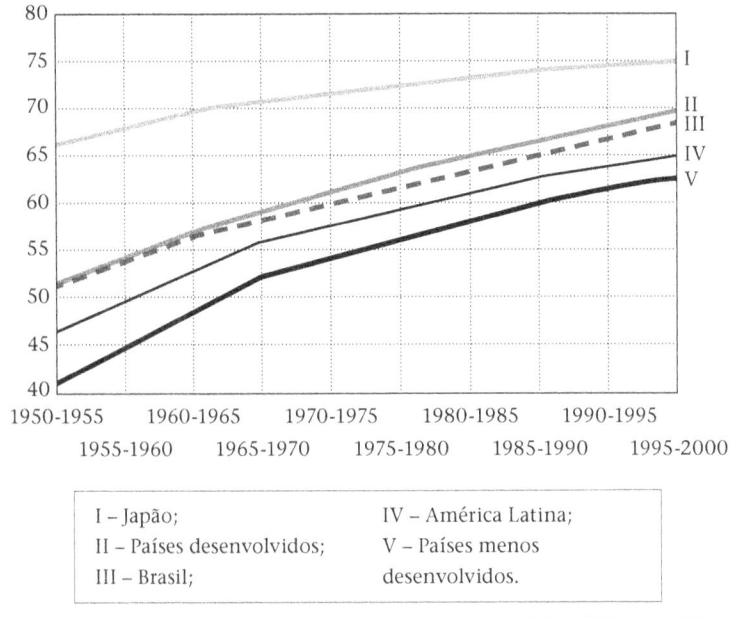

	I – Japão;	IV – América Latina;
	II – Países desenvolvidos;	V – Países menos
	III – Brasil;	desenvolvidos.

Fonte: United Nations, 2019.

Após a apresentação desses indicadores, escolhidos de maneira arbitrária, ressaltamos que as categorias para sua construção limitam-se, exclusivamente, à criatividade do analista e ao emprego adequado das ferramentas matemáticas e estatísticas. Assim, uma razão de sexo (ou gênero, se preferível) segue a mesma formulação de uma razão de etnia. A divisão em categorias etárias, conforme observada nas pirâmides populacionais, pode ser aplicada à renda, em outro exemplo. Preferências e questões ligadas às particularidades da diversidade existente em grupos na sociedade também podem encontrar aplicação nesse ferramental metodológico.

Síntese

Neste capítulo, procuramos demonstrar que não existe ciência sem experimento. E não existe experimento sem observação da realidade. A realidade se torna inteligível sob o discurso da ciência por meio da análise da construção de indicadores.

Como se desenvolveu neste capítulo, a demografia – ciência da população – articula seu discurso com base na análise de indicadores que partem da observação da realidade. Características fenotípicas de uma população, como faixa etária, gênero, etnia etc., podem ser interpretadas qualitativamente, mas apenas com base em indicadores constituídos quantitativamente.

Atividades de autoavaliação

1. Assinale a alternativa que indica como é obtida a razão de masculinidade de uma população:
   a) Dividindo-se o número de homens dessa população pelo número de mulheres.
   b) Dividindo-se a população pelo número de homens.
   c) Dividindo-se o número de homens pela população.
   d) Dividindo-se o número de homens pela metade da população total.
   e) Nenhuma das alternativas anteriores.

2. Uma pirâmide populacional de base mais estreita do que seu topo pode apresentar:
   a) problemas migratórios.
   b) baixo crescimento vegetativo.
   c) elevada expectativa de vida.
   d) razão de masculinidade maior do que 1.
   e) baixa expectativa de vida.

3. Uma razão de feminilidade de 0,5 em uma população mostra que:
   a) há quatro mulheres para cada homem.
   b) há duas mulheres para cada homem.
   c) há dois homens para cada mulher.
   d) há quatro homens para cada mulher.
   e) a população se encontra equilibrada entre homens e mulheres.

4. Assinale a alternativa que indica do que depende a taxa bruta de natalidade (TBN):
   a) Intensidade com que as mulheres têm filhos a cada idade.
   b) Número de mulheres em idade fértil.
   c) Distribuição etária relativa das mulheres dentro do período reprodutivo.
   d) Elevada razão de feminilidade.
   e) Baixa mortalidade infantil.

5. Assinale a alternativa que indica por que a elevação da expectativa de vida é considerada uma meta quantitativa de desenvolvimento:
   a) A preservação da vida é um objetivo primordial do desenvolvimento humano.
   b) A longevidade está diretamente correlacionada às condições de vida dos seres humanos.
   c) Países desenvolvidos apresentam indicadores crescentes de longevidade para suas populações.
   d) Melhorias na vida material refletem em melhoria dos índices de longevidade.
   e) Todas as alternativas anteriores.

Atividades de aprendizagem

Questões para reflexão

1. Quais as possibilidades de manuseio de dados para a construção de indicadores?
2. Quais as partes componentes das pirâmides etárias?
3. Quais os principais indicadores utilizados para o estudo das populações?
4. Como indicadores servem à produção de conhecimento científico?

Atividade aplicada: prática

1. Consulte relatórios de censos e estimativas do IBGE e da ONU. Enumere e discuta os indicadores encontrados.

Capítulo 5
Tipologias populacionais
e migrações

Um dos elementos diferenciadores e dissociativos na observação científica das populações é seu movimento no espaço. Como já afirmamos, as migrações tratam de uma dinâmica de populações humanas movimentando-se entre territórios de maneira temporária ou permanente. Os motivos que levam a esse deslocamento são múltiplos: busca por postos de trabalho, novas oportunidades de renda, melhores condições de subsistência, fuga a perseguições políticas e religiosas etc.

Este capítulo estende o tema das tipologias populacionais aos movimentos migratórios. A esse respeito, cabem três questões fundamentais, a saber: (1) Qual seria a motivação de uma população para sair de seu território de origem; (2) Quais aspectos motivam uma população a ir a um território de destino; (3) Quais elementos fixariam uma população em um território.

(5.1)
IDENTIDADE DO MIGRANTE

A definição do *migrante*, ou sua condição, lhe confere lugar social. O deslocamento de um indivíduo de um lugar a outro ao longo de sua vida é objeto de uma decisão. Sair ou permanecer é, em última análise – mesmo que determinada por imperativos, muitas vezes, fora da margem de questionamento – uma escolha à qual corresponde uma racionalidade.

As migrações são o resultado agregado de escolhas individuais dadas por uma racionalidade socialmente coerente, ou seja, razões consideradas de fácil acepção para além da racionalidade do indivíduo ou de sua família.

Com base nesse pressuposto, o migrante pode ser interpretado por meio de dois planos: o objetivo e o subjetivo. O paradigma objetivo, por um lado, inscreve os deslocamentos como fator estrutural, já que, para muitas análises, a grande força motriz dos fluxos migratórios é a possibilidade de melhorias no *status* socioeconômico. Por outro lado, pelo panorama subjetivo, as circunstâncias deflagradoras do movimento não estão circunscritas às motivações econômicas. Há motivos outros que dizem respeito à trajetória pessoal e ao modo de articulação do migrante com o espaço que o circunda.

Nessa interpretação, o migrante, além de força de trabalho, exerce sua individualidade em um contraponto dual com a comunidade em que se encontra. Um dos principais obstáculos do migrante é, justamente, a superação dos choques culturais entre a origem e o destino. A socialização do indivíduo interfere no papel exercido por ele, constituindo sua identidade social.

Nesse propósito, pode surgir uma incompatibilidade entre a identidade pessoal, reconhecida pelo sentimento individual de pertencimento a um determinado grupo, e o papel social que se exerce em diversos contextos. Por exemplo, uma mulher, negra, latina, engenheira e católica como imigrante em qualquer país da Ásia, na reunião de pais do colégio, assume somente o papel de "mãe", que, nesse caso, não tem nenhuma relação com sua identidade profissional, pessoal, religiosa ou cultural. Isso tem relação direta com a inserção tipológica do indivíduo no grupo tabulado e analisado em uma população. De toda forma, mesmo que os dados corroborem essa afirmação, não podemos descartar a hipótese de que as identidades se cruzam e não são tão simplesmente deslocadas, ainda que uma delas prevaleça de acordo com o ambiente.

Há agravantes que tornam a questão mais complexa. Os indivíduos sofrem a influência não somente do conjunto de possibilidades que a cultura proporciona, ou a pluralidade de expressões simbólicas, mas também das próprias relações sociais.

As referências do passado e do presente constroem a identidade dos imigrantes. A aculturação, o sincretismo cultural, a transposição e a amálgama de culturas de origem e destino ainda são objeto fértil de estudiosos do comportamento das populações. Isso adquire contrastes mais intensos, especialmente nos casos de migrações forçadas, resultantes de problemas graves em territórios, como catástrofes naturais, políticas, econômicas ou sociais. A condição de "refugiado" ou de "estrangeiro", em situação mais ou menos legalizada sob as normas do território de destino, gera forte impacto na tipologia do referido contingente populacional, abrindo a possibilidade de atribuição de conotações que podem resultar em forte preconceito e problemas sociais graves no país de destino.

O indivíduo na categoria de estrangeiro encontra-se fora de seu território original. O Estado de destino, pela sua tipificação como estrangeiro, restringe o exercício das faculdades e liberdades do indivíduo, em comparação com o nativo, nos chamados *problemas de imigração*. Não é difícil encontrar estrangeiros que são tratados como cidadãos de segunda classe ou considerados em um nível de inferioridade em vários aspectos do funcionamento das sociedades, mesmo na atualidade.

Em sociedades marcadas por catástrofes naturais ou resultantes da atividade humana, as migrações vêm assumindo cada vez mais o caráter de premência e análise no desenvolvimento de medidas concretas para a superação dessa evidente desigualdade normativa.

(5.2)
Repulsão e atração

Os estudos precursores de Ernest George Ravenstein (1834-1913), publicados no final do século XIX como *The Laws of Migration* (*As leis de migrações*, em português), introduziram a visão de elementos de repulsão e atração na dinâmica dos movimentos populacionais. O ponto central nos processos migratórios estaria na tomada de decisão do imigrante, que toma sua decisão de maneira racional, avaliando os elementos positivos e negativos para sua mudança e permanência nos espaços.

Segundo Ravenstein (1885, 1889), essa tomada de decisão de migrar de um território para o outro tem como base vantagens e desvantagens de caráter pessoal, econômico e social. Consideremos que, no início desse processo migratório, tenhamos um ponto de partida, chamado de *local 1*, ao qual corresponde um ponto de chegada, o *local 2*. Condições econômicas adversas, como desemprego, baixos salários e poucas oportunidades de desenvolvimento pessoal e profissional, seriam fatores repulsivos à permanência no local 1. Em contraposição, a disponibilidade de empregos, salários relativamente melhores e oportunidades de formação profissional e desenvolvimento pessoal seriam fatores de atração no local 2. Reconhecida a vantagem do local 2 sobre o local 1, a decisão de migrar ocorre quando os custos de deslocamento em curto prazo se tornam menores do que as expectativas de retorno em médio prazo.

Há uma clara analogia nesse preceito com a teoria econômica neoclássica do consumidor, segundo a qual os indivíduos tomam suas decisões com base na racionalidade de custo-benefício e na maximização da utilidade proporcionada por seus recursos disponíveis. Em sendo o benefício um nível melhor de remuneração pelo trabalho, o custo em questão estaria presente no deslocamento. Assim, a melhor remuneração pelo menor custo seria o objetivo estratégico do migrante, de acordo com a teoria de fatores de repulsão e atração.

Com base nesse pressuposto, Ravenstein formulou uma série de "leis da migração", baseadas em estudos empíricos. De acordo com elas:

- a maior parte das migrações ocorre por distâncias curtas e em etapas;
- as migrações acompanham, em volume, o desenvolvimento da indústria e do comércio;
- a migração, em termos relativos, acontece predominantemente a partir do campo;
- a migração é um fenômeno de adultos;
- as famílias raramente migram por grandes distâncias;
- o fator preponderante nas migrações é econômico.

Para Sjaastad (1962, p. 83, tradução nossa), a migração pode assumir-se, portanto, como um investimento que, "embora possua custos, envolve retornos, ganhos e sucessos"; mas, "como qualquer investimento, também possui riscos, razão pela qual se deve atender que mesmo as decisões mais racionais podem induzir a maus resultados".

A mesma base empírica que corroborou as "leis da migração" de Ravenstein também a expôs a ponderações críticas e reformulações. O cerne dessas críticas estaria não apenas na visão economicista da teoria, que ignoraria fatores altamente relevantes na criação de fatores motivadores da migração, mas também na questão da percepção dos agentes, que poderia diferir da realidade observada na composição dos elementos de repulsão e atração. Mesmo dentro da predominância de aspectos de ordem econômica como determinantes migratórios, a limitação da teoria neoclássica do consumidor em relação às suas possibilidades de ação ante o espaço amostral de escolhas a ele disponíveis também evidenciou-se nas leis migratórias.

Everest Lee (1966) sugeriu uma reformulação dos pressupostos ravensteinianos:

- O volume de migrações em um território depende da diversidade territorial e populacional e das dificuldades referentes aos obstáculos ao processo em si.
- Migrações tendem a ocorrer segundo o desenvolvimento de redes e relações espaciais.
- A cada corrente migratória com um volume de migrantes, tende-se a desenvolver uma corrente em oposição.
- A eficiência do fluxo migratório é dada pelo quociente entre a corrente e a contracorrente.
- Uma mudança nesse quociente entre os fatores presentes na origem ou no destino aumenta a eficiência do fluxo.
- A manutenção desses fatores em sua origem ou destino diminui a eficiência do fluxo.
- A eficiência do fluxo migratório aumenta na proporção direta dos obstáculos a serem superados.
- A eficiência de um fluxo migratório depende do grau de prosperidade econômica da origem.
- Há seletividade na migração: pode ser positiva se os migrantes responderem com sucesso às solicitações do local de acolhimento, ou negativa, caso contrário.
- Há maior propensão à migração em certas fases da vida.
- As caraterísticas dos migrantes tendem a ser um intermédio entre as caraterísticas da população do local de origem e da população do local de destino.

Sobre esse aspecto, é interessante uma ponderação sobre as imigrações ditas *ilegais*, ou que ocorrem no sentido oposto das políticas do Estado. Em momentos de crise, há uma interessante repaginação dos condicionantes de atração e repulsão que parece confirmar a lei de superação de dificuldades como impulso ao movimento migratório.

Contudo, os fluxos migratórios não podem ser explicados apenas pelas motivações individuais ou pelas políticas migratórias, ou mesmo por uma resultante de ambos. Há outros fatores ponderáveis na questão. Há, por exemplo, sujeitos intermediários e envolvidos no processo de migração, como empregadores, traficantes, organizações da sociedade civil, autoridades de acolhimento, comunidades de imigrantes etc. Os migrantes buscam, com maior ou menor grau de controle, a redefinição de suas relações sociais, criando ou procurando organizações e desenvolvendo padrões comportamentais de grupo que assumem significados para além de uma mera soma de partes de motivações de agentes com comportamento de racionalidade econômica.

Um aspecto empírico que coloca a teoria da repulsão e da atração sob perspectiva crítica traz, novamente, a questão das migrações forçadas. Há diferenças contrastantes entre as migrações "voluntárias" e as "forçadas". Nos dois casos, a superação das dificuldades de migração e fixação depende, em primeira medida, de condicionantes econômicos, assim como pesam elementos de caráter político e social.

Os **migrantes voluntários** podem se sentir movidos a migrar por situações de pobreza extrema em suas origens, enquanto os **migrantes forçados** podem fazê-lo diante de outros condicionantes. Apenas sob o risco imediato de vida, em situação extrema, a racionalidade predominante passa a ser a da preservação da integridade da vida. Essa presunção, geralmente, está conjugada com as redes migratórias e o capital social (Todaro, 1969). Portanto, a teoria dos fatores de repulsão e de atração tem sua importância na compreensão dos processos que conduzem às escolhas dos migrantes e refugiados[1].

---

1 *Sobre esse assunto, para a inserção brasileira no debate internacional, ver Silva, Bógus e Silva (2017).*

(5.3)
Fixação

A perspectiva da teorização sobre os elementos que estudam a fixação dos imigrantes ao território de destino relaciona-se mais com os estudos da antropologia, da sociologia e da psicologia social das últimas décadas do século XX.

A dimensão territorial refere-se à própria constituição do indivíduo como área de controle (mesmo que simbólico) que permite a continuação da existência, fornecendo a chamada *segurança ontológica*, ou seja, a segurança que permite ao indivíduo continuar existindo no mundo. Trata-se da dimensão existencial da relação com o lugar por meio do *eu*, entendendo a relação *eu e o lugar* como o centro de constituição da pessoa e do espaço, sendo o ponto no qual os fenômenos se encontram na realidade geográfica.

Esse *eu* é constituído pela natureza, por significados e por relações sociais tanto quanto o lugar. Dessa forma, o processo de desenraizamento original, desencadeado pelo movimento migratório, dá-se pela alteração da territorialidade consolidada. Portanto, a modificação dessa relação original do *eu lugar*, saindo do lugar natal sobre o qual está alicerçada a identidade, exige sair dos territórios que proporcionam segurança e lançar-se no mundo, em lugares com limitada ou nenhuma familiaridade, onde há pouco ou nenhum controle sobre as condições de existência no mundo, consequentemente, insegurança ontológica. A fixação é a raiz sobre a qual se estabelece a decisão do indivíduo de ir ou permanecer no território.

O local de destino representa uma realidade recém-chegada para o imigrante em termos tanto culturais quanto espaciais. Há processos recorrentes nessa atribuição – por exemplo, adaptação, compreensão, separação ou, mesmo, marginalização.

Migrar é romper, descontinuar uma trajetória original, alterando-a. Na migração, as identidades perpassam territórios, corroborando a relevância da dimensão espacial do processo. A migração obriga a desenvolver outros tipos de territorialidade, para além do conhecido. É um desencaixe da identidade do imigrante, que é obrigado a criar raízes no lugar de destino, mantendo (ou não) vínculos com sua origem. Os laços estabelecidos no lugar de chegada, por meio da capilaridade, do repertório e da capacidade de diálogo intercultural, determinam a identidade e a segurança da existência do indivíduo.

No entanto, a fixação do migrante no local de destino tem algumas restrições ou condições em termos de identificação sociocultural e espacial, visto que o envolvimento de um indivíduo com o lugar é um processo complexo que não ocorre de maneira neutra.

Entre os fatores de atração, a identificação com o lugar é crucial. O estabelecimento de laços e a sensação de pertencimento ocorrem em um lugar cujas características sociais, culturais e a organização espacial não sejam de todo estranhas ou desconhecidas. Kyle e Chick (2007) afirmam que essa ligação é baseada na afetividade que o lugar provoca na pessoa, sendo chamada de **topofilia**, referindo-se aos laços que ligam a pessoa ao espaço. A topofilia pode, ou não, ser buscada, assim como pode, ou não, ocorrer intencionalmente. O sujeito constrói o lugar e, ao mesmo tempo, é construído por ele, em sua experiência. Ao fixar-se em um novo lugar, o migrante reconstrói e ressignifica sua experiência.

(5.4)
CADEIAS E REDES

Os fenômenos das cadeias migratórias e das redes sociais que as envolvem vêm recebendo atenção crescente, nas últimas décadas, na literatura teórica sobre migrações. Migração em cadeia, segundo MacDonald e MacDonald (1964, p. 82, citado por Truzzi, 2008, p. 202) constitui-se no "movimento pelo qual migrantes futuros tomam conhecimento das oportunidades de trabalho existentes, recebem os meios para se deslocar e resolvem como se alojar e como se empregar inicialmente por meio de suas relações sociais primárias com emigrantes anteriores".

As migrações em cadeia surgiram como o desenvolvimento de um fluxo migratório para aqueles que não são precursores, exploradores de um novo destino. Também contemplam destinos cada vez mais distantes, com estratégias cada vez mais impessoais à medida que se tornam mais extensas. Podem ser tipificadas em três itens, com base nos meios utilizados:

1. Mecanismos de assistência impessoais, públicos ou privados.
2. Mecanismos semiespontâneos, em que o processo começa incentivado por informações de parentes e de conterrâneos, ou de caráter público, preservando o caráter individual ou particular da iniciativa.
3. Organizações ou sistemas mais difusos de mediação e clientelismo, nos quais o controle do processo – trâmites logísticos, burocracia – é exercido por intermediários não envolvidos diretamente com a cadeia migratória.

Para além da tipificação pelo meio utilizado predominante no conceito de cadeias migratórias, há a incorporação de outros elementos envolvidos nesse movimento demográfico que o caracterizam em sentido mais amplo: o de **redes migratórias** (Massey, 1988). Estas seriam constituídas por meio de laços interpessoais que ligam migrantes em diferentes fases de trânsito e fixação, por meio de parentesco, afinidade ou origem comum. Seria, portanto, uma comunidade em trânsito.

As funções sociais das redes migratórias constituem as características de uma comunidade (Kelly, 1995): controle comportamental, pelo estabelecimento de laços ocupacionais, culturais e afetivos; criação, filtragem e significação de informações, articulando discursos e interpretações da realidade; alocação de recursos e divisão do trabalho.

Qualquer que seja a tipologia adotada para se interpretar o fenômeno de movimentação demográfica, cadeias ou redes migratórias, há dois pontos em comum que merecem consideração. Em primeiro lugar, é importante ressaltar o papel da informação prévia na decisão do ato migratório. Esse ato é tanto mais reforçado ou repelido pelo volume e pelo caráter da informação disponibilizada pela comunidade em trânsito, tanto na origem como no destino. À lembrança de que o movimento é uma decisão particular do migrante, este a toma por uma racionalidade constituída pelas informações que lhe são disponibilizadas, o que coloca em perspectiva a soberania de livre-arbítrio que lhe é atribuída na teoria de fatores de atração e repulsão.

Em segundo lugar, é importante também perceber o papel que as organizações detêm, seja nas redes, seja nas cadeias migratórias, no sentido de organizar e controlar o processo à medida que este ganha volume e escala. Esse papel consiste, de fato, no grande reforço positivo da atividade (ou, mesmo, em seu grande elemento de repulsão), caracterizando sua natureza empresarial, capitalista, dentro de um sistema em que até a disponibilidade de força de trabalho se torna mercadoria.

Cadeias e redes migratórias podem ser um grande negócio, para o bem e para o mal. A literatura sobre o tema remonta bastante aos processos de imigração europeia na América entre os séculos XIX e XX, de maneira até um tanto idílica às vezes, mas é importante lembrar, por fim, que grandes cadeias e redes migratórias parecem ter-se dado nos barcos saídos da África, entre os séculos XVI e XIX, com destino à América. Um grande negócio dos europeus e um dos maiores crimes contra a humanidade da história.

Síntese

Os aspectos da tipologia das populações em movimento – migrações – são, apesar de seu desenvolvimento mais ou menos paralelo na história dos estudos demográficos, de certa forma, complementares. Parte-se do indivíduo, de sua motivação mais primária, do equilíbrio entre seus desejos e suas possibilidades. Ali, ele já pode ser tipificado, para fins analíticos, em preferências utilitaristas de atração e repulsa.

Ao estendermos seu universo de motivações a graus mais abstratos de necessidades, encontramos o nível das representações e, nele, a demanda por uma nova identidade social. Ainda que não sejam descartadas, as necessidades básicas não são o motivo que irá gerar o movimento migratório, bem como fixar o indivíduo – o ser migrante –, mas sim um conjunto de representações que dará identidade ao migrante, o sentimento de pertença que irá fixá-lo ao novo território, se exitoso.

Esse é o papel das cadeias e redes, porque o processo não é espontâneo. Se amparadas por laços fraternais, familiares, e conduzidas por fatores de atração e repulsa, ligados às preferências individuais, as migrações encontram-se organizadas em sistemas que atingem níveis estocásticos decisórios de impessoalidade e burocracia, seguem uma racionalidade de maximização de recursos materiais e visam se reproduzir em escala crescente, indo da esfera local até a global. Trata-se exatamente – e não é acidental – da definição weberiana de empreendimento capitalista. Para o capitalismo, o controle dos processos pela tipificação da morfologia, da estrutura e da dinâmica de seus estoques e fluxos de recursos à mão dá a importância da demografia e dos estudos populacionais.

Atividades de autoavaliação

1. Assinale a alternativa **incorreta** com relação às migrações:
   a) Movimentos populacionais ligados ao volume e à dispersão no espaço.
   b) Deslocamentos da população entre territórios.
   c) Resultados de mudanças estruturais na morfologia das populações.
   d) Causas de mudanças no ritmo e no volume do crescimento populacional.
   e) Todas as alternativas anteriores estão incorretas.

2. Assinale a alternativa que indica os fatores que causam as migrações:
   a) Culturais.
   b) Políticos.
   c) Econômicos.
   d) Sociais.
   e) Todos as alternativas anteriores.

3. Assinale a alternativa que indica a quais forças as migrações obedecem:
   a) Natalidade e mortalidade.
   b) Expectativa de vida e desenvolvimento.
   c) Atração e repulsão.
   d) Mortalidade e expectativa de vida.
   e) Atração e desenvolvimento.

4. Assinale a alternativa que indica do que dependem as cadeias migratórias:
   a) Organizações.
   b) Arranjos familiares.

c) Fatores repulsivos e atrativos.
   d) Fatores culturais e políticos.
   e) Redes intercomunicantes na entrada e saída.

5. Assinale a alternativa que indica do que depende a fixação do migrante em seu destino:
   a) Identidade cultural na qual o indivíduo encontre identidade na cultura de destino
   b) Identidade cultural na qual o indivíduo encontre representação de suas origens na cultura de destino
   c) Identidade cultural em que o indivíduo possa construir sua identidade integrando as culturas de origem e destino
   d) Todas as alternativas anteriores.
   e) Nenhuma das alternativas anteriores.

Atividades de aprendizagem

Questões para reflexão

1. O que são migrações e como elas afetam uma população?
2. O que seriam "leis de migração"?
3. Quais fatores estariam em jogo no fenômeno das migrações?

Atividade aplicada: prática

1. Com base nos conceitos sobre migração estudados neste capítulo, entreviste um migrante e discuta os resultados de sua entrevista em grupo.

Capítulo 6
Uma breve história
da demografia

O advento da demografia como ciência ocorreu quando as informações quantitativas sobre as populações passaram a ser tratadas de maneira científica. O caráter redundante da frase anterior mostra que a demografia surgiu no bojo da revolução científica ocorrida no contexto do desenvolvimento do capitalismo, entre os séculos XVII e XVIII, quando a contagem da população, feita desde a Antiguidade, recebeu trato analítico, científico, nos parâmetros do pensamento iluminista, visando oferecer informações que possibilitassem a elaboração racional de leis e princípios empiricamente testáveis.

Esse processo ocorreu por meio da atribuição de duas características aos censos: abrangência e periodicidade. A abrangência, por meio de sua delimitação territorial, conferiu a diversidade de informações. A periodicidade, por sua vez, deu movimento aos instantâneos dos dados obtidos pelos censos, ou seja, possibilitou que observássemos a evolução das variáveis estipuladas em séries temporais. Em resumo, por meio das características de abrangência e periodicidade, os dados dos censos adquiriram dimensões de espaço e tempo, respectivamente, o que tornou possível serem comparados nessas características e que fossem construídas séries temporais, para além do instantâneo que até então representavam.

(6.1)
Definições e periodização

É possível realizar, a princípio, um primeiro recorte no desenvolvimento histórico do pensamento demográfico em duas fases, a saber: período **pré-estatístico** e período **estatístico**. O critério que estabelece essas duas fases é o desenvolvimento das técnicas censitárias ao nível de poder repetir-se, periódica e regularmente, o procedimento e de realizar-se a análise dos dados censitários em sua morfologia e dinâmica, ou seja, em sua tipologia e trajetória ao longo do tempo e espaço.

A transição do período pré-estatístico para o estatístico ocorreu em função de duas importantes mudanças nos instrumentos disponíveis à análise da população. A primeira foi o sistema de registro das informações demográficas; a segunda foram as técnicas de manejo dessas informações: os censos e as estatísticas.

Nesse sentido, no campo censitário, entre os séculos XVII e XVIII, destacam-se os trabalhos de John Graunt (em especial, a obra *Natural and political observations made upon the bills of mortality*, de 1662), Gottfried Achenwall, Johann Peter Süssmilch e William Petty, entre outros. É importante ressaltar que, desde o século XI, com o *Doomesday Book* (1086), as técnicas censitárias já se aprimoravam.

Por sua vez, a evolução da matemática e da estatística no período entre os séculos XVII e XVIII – sobretudo com as contribuições de Blaise Pascal, Pierre de Fermat e Carl Friedrich Gauss no campo da análise e da inferência estatísticas, com base no desenvolvimento da teoria das probabilidades – permitiu um salto qualitativo na análise dos dados populacionais, o que define as últimas décadas do século XVIII e as primeiras do XIX como as que viram a origem do período dito *estatístico* na demografia. Nesse período, os dados eram não apenas coletados segundo um método estabelecido, mas também analisados sob critérios científicos, característica assumida pela obra mestra da demografia, de Achille Guillard, *Élements de statistique humane ou demographie comparée*, de 1855, reconhecida como a primeira a usar o termo *demografia* como referente a uma "ciência da população". Todo o período anterior seria denominado *pré-estatístico*. Reconhece-se, assim, o intervalo de tempo entre os séculos XI e meados do XIX como protoestatístico, uma fase intermediária, na qual os desenvolvimentos nos campos citados anteriormente foram gradativamente incorporados à análise demográfica.

Evidentemente, essa divisão é bastante simplificadora e insuficiente para o entendimento mais profundo da ciência demográfica. O período pré-estatístico abarca vários períodos da história da civilização, desde a origem da humanidade até a chamada *Baixa Idade Média*, em meados do século XI, e o surgimento do capitalismo mercantil, mais ou menos.

A esse propósito, Max Weber, em *História econômica geral*, aponta o caráter de controle quantitativo das atividades e disposições humanas que imbuiu o chamado *espírito capitalista*. O controle sistemático da quantidade de recursos disponíveis – no caso, os humanos – certamente trouxe mais preocupação com a coleta, a criação e a análise de dados demográficos. Isso não significa que o período pré-estatístico fosse destituído de qualquer tendência à racionalização e controle das disposições humanas. A sedentarização proporcionada pela Revolução Agrícola (10.000 a.C.) trouxe, entre outras transformações, a necessidade de controle da quantidade de recursos disponíveis. Surgiram, então, das primeiras cidades-estados da Antiguidade, as primeiras contagens populacionais. Dessa época, também são conhecidos os censos promovidos por civilizações e impérios, como mesopotâmios, egípcios, gregos, romanos, chineses, hindus e outros, com o intuito de contar os recursos disponíveis à guerra e aos impostos, ou seja, com finalidade militar e fiscal. Não há, assim, uma análise tipológica ou dinâmica dessas populações realizada em suas épocas, em sentido estrito. As fontes de dados sobreviventes a elas subsidiam os historiadores demógrafos, ou demógrafos historiadores, que atentam para suas características e movimentos ao longo das dimensões do espaço e tempo.

Com o surgimento e a consolidação de análises mais estritas sobre dados populacionais, estes também mais consistentes em regularidade e fidedignidade, a demografia adquiriu progressivamente seu *status* de ciência da população, entrando em sua fase estatística. Nesta, e reconhecidamente desde sua fase precedente, a protoestatística, observa-se uma tendência – pela consolidação dos Estados Nacionais e a constituição de órgãos supranacionais, como a Liga das Nações (1910) e as Nações Unidas (1944) – a adotar-se uma padronização dos dados censitários com a finalidade de observarem-se fenômenos em escopo mundial, bem como de realizar-se o comparativo entre regiões do globo. Atualmente, é possível mesmo estimarmos o ritmo de crescimento da população mundial para as próximas décadas, os próximos séculos até, com razoável grau de precisão.

Nas próximas seções, apresentaremos algumas das características dos períodos pré-estatístico, protoestatístico e estatístico da evolução do pensamento demográfico.

(6.2) Período pré-estatístico (das origens ao século XI)

O período chamado *pré-estatístico* caracteriza-se por apresentar não apenas a inexistência, mas também uma ausência de preocupação específica com o registro de informações destinadas à posteridade. A materialidade encontrada nesse período é considerada, assim, residual.

6.2.1 Estudo das primeiras populações humanas: a paleodemografia

O estudo das primeiras populações humanas caracteriza-se, em sua maior parte, por uma carência completa de estatísticas, própria da pré-história e dos povos que não nos legaram testemunhos escritos. A documentação disponível é representada, nesse caso, pelos esqueletos humanos, ou parte deles, e por instrumentos e outros vestígios culturais que nos informam sobre a extensão do hábitat, o estilo de vida, a alimentação e outras características, permitindo até algumas estimativas por meio de extrapolação. É o campo da paleodemografia, o estudo da demografia humana, de sua origem mais remota até a Antiguidade. Mais especificamente, a paleodemografia analisa as mudanças nas populações pré-modernas, a fim de determinar algo sobre as influências na vida útil e na saúde dos povos anteriores. A reconstrução de tamanhos e dinâmicas populacionais antigas baseia-se em análise isotópica de carbono-14, bioarqueologia, DNA antigo e inferência da genética populacional moderna.

A **demografia pré-histórica** é, dessa maneira, o estudo da demografia das populações humanas, desde a origem dos hominídeos, há, mais ou menos, 6 milhões de anos, passando pela origem dos seres humanos anatomicamente modernos, estimada em 200 mil anos, até o início da Revolução Agrícola, há cerca de 10 mil anos.

6.2.2 Demografia na Antiguidade Remota e Clássica: primeiras contagens e censos

A contagem e a descrição das características de uma população são expedientes antigos, que caminham paralelamente ao estabelecimento dos primeiros Estados. A noção de registro público como a importância da existência coletiva dos fatos que atingem a pessoa parece ter sua origem com o início das civilizações. Antes disso, o estudo da cultura material sugere que essa publicidade acontecia segundo os costumes locais, por meio de cerimônias ligadas ao grupo social, por ocasião de eventos como nascimento, batismo, puberdade, núpcias e morte, seguindo tradições ritualísticas próprias dessas culturas.

As civilizações da antiga Mesopotâmia realizavam censos, com a finalidade de cobrar tributos. No Egito Antigo e na civilização greco-romana, os censos eram essenciais para controle e administração dos impérios. Em outras partes do globo, civilizações pré-colombianas, como maias e incas, faziam contagens periódicas de suas populações. A administração imperial chinesa também realizava censos periódicos e os hindus também o faziam, à mesma época do Ocidente. O indício mais remoto do que tenha sido um censo parece ter ocorrido na China, por volta de 2.238 a.C., quando o imperador Yao mandou fazer a contagem da população e das lavouras cultivadas. Há também indícios de censos realizados na época de Moisés, no Antigo Testamento, há cerca de 1.700 a.C., juntamente com a civilização egípcia. No Código de Hamurábi (1.772 a.C.), dos mesopotâmios, vê-se o início de certo interesse jurídico estatal na inscrição dos acontecimentos respectivos à existência humana, pelos registros contratuais dos matrimônios.

Gregos e romanos deixaram registros de seus primeiros censos entre os séculos VIII e III a.C., com um reconhecido aperfeiçoamento desses instrumentos, de maneira correlata às instituições de Estado. A *demografia clássica* refere-se, assim ao estudo da demografia no período clássico. Muitas vezes, concentra-se no número absoluto de pessoas que viviam em civilizações ao redor do Mar Mediterrâneo, entre a Idade do Bronze e a queda do Império Romano do Ocidente. O período foi caracterizado por uma explosão na população com o surgimento das civilizações grega e romana, seguida por um declínio acentuado causado por perturbações econômicas e sociais, migrações e um retorno à agricultura de subsistência.

As questões demográficas desempenham papel importante na determinação do tamanho e da estrutura da economia da Grécia antiga e da economia romana, tanto em sua época quanto em estudos retrospectivos. Na Grécia antiga, isso pode ser encontrado nos escritos de Heródoto, Tucídides, Hipócrates, Epicuro, Protágoras, Platão e Aristóteles. Em Roma, escritores e filósofos como Cícero, Sêneca, Marco Aurélio e Epiteto, entre outros, também expressaram ideias importantes sobre esse assunto. De um povo pastoril a centro de um império em dez séculos, os romanos mostraram, desde os censos de Sérvio Túlio (555 a.C.), uma notável evolução na coleta de informações periódicas junto às famílias, com 72 censos registrados até 72 d.C., apresentando uma média de um censo realizado a pouco menos de sete anos. Com os romanos, reconhece-se que o controle da ocorrência dos fatos vitais dos indivíduos passou a fazer parte da política de Estado. O denominador comum a todas essas iniciativas baseia-se em três propósitos básicos, que persistem até hoje: (1) coleta de impostos; (2) direitos de propriedade; e (3) recrutamento militar.

6.2.3 Pensamento demográfico medieval

A demografia medieval é o estudo da demografia humana na Europa e no Mediterrâneo durante a Idade Média. Esse estudo estima e procura explicar o número de pessoas que estavam vivas durante o período medieval, tendências populacionais, expectativa de vida, estrutura familiar e questões relacionadas. A demografia é considerada um elemento crucial da mudança histórica ao longo da Idade Média. A divisão "clássica" entre Alta (séculos IV a XI) e Baixa Idade Média (séculos XI a XV), bastante questionada hoje na historiografia, ainda encontra alguma aplicação na transição do uso de antigos métodos de contagem e de estudo das informações censitárias herdadas das antigas civilizações e do período clássico da demografia, com mudanças ocorridas a partir do ano 1000.

A população da Europa permaneceu em um nível baixo no início da Idade Média, cresceu durante a Alta Idade Média e atingiu um pico por volta de 1300. Em seguida, várias calamidades causaram um declínio acentuado, cuja natureza é assunto de debate na historiografia. Os níveis populacionais começaram a se recuperar por volta do final do século XV, ganhando impulso no início do século XVI. A ciência da demografia medieval baseia-se em várias linhas de evidência, como registros administrativos, testamentos e outros tipos de registros, dados arqueológicos de campo, dados econômicos e histórias escritas. Como os dados, geralmente, são incompletos e ambíguos, pode haver discordância significativa entre os demógrafos medievais.

As fontes tradicionalmente usadas pelos demógrafos modernos, como registros de casamento, nascimento e óbito, comumente, não estão disponíveis para esse período. Portanto, os estudiosos confiam em outras fontes, como pesquisas arqueológicas e registros escritos, quando disponíveis. Exemplos de dados de campo incluem o tamanho físico e o surgimento ou desaparecimento de assentamentos. Por exemplo, após a peste negra, o registro arqueológico mostra o abandono de mais de 25% de todas as aldeias da Espanha. No entanto, os dados arqueológicos costumam ser difíceis de interpretar, como é difícil também atribuir uma idade precisa às descobertas. Além disso, alguns dos maiores e mais importantes sítios arqueológicos ainda estão ocupados e não podem ser investigados. Os registros disponíveis podem estar concentrados nas regiões mais periféricas, como os primeiros enterros anglo-saxões da Idade Média em Sutton Hoo, na Inglaterra, para os quais, de outra forma, não existem registros.

Devido a essas limitações, grande parte dos subsídios informativos vem de registros escritos: contas descritivas e administrativas. Relatos descritivos incluem os de cronistas que escreveram sobre tamanho de exércitos, vítimas de guerra ou fome, ou de participantes de eventos, como juramentos paroquiais. No entanto, essas informações não podem ser consideradas tão precisas e são mais úteis como evidências de apoio. Os dados mais precisos estão nos registros administrativos porque a motivação para escrevê-los não era a de influenciar os demais. Esses registros podem ser divididos em duas categorias: pesquisas e registros seriais. As pesquisas abrangem um estado ou região em uma data específica, como um inventário moderno.

Na Alta Idade Média europeia, há notícia de diversos censos, durante a dominação muçulmana (711-1153), e o império Carolíngio (712-814). As pesquisas senhoriais foram muito comuns durante a Idade Média, em particular na França e na Inglaterra, mas desapareceram quando a servidão deu lugar a uma economia monetária, dando espaço às pesquisas fiscais, sendo a mais famosa e antiga o *Doomesday Book*, em 1086, feito por ordem de Guilherme, o conquistador, na Inglaterra.

O *Livro das Lareiras*, da Itália, em 1244, é outro exemplo, marcando os censos das cidades-estados da península itálica nos séculos XII e XIII. A maior pesquisa fiscal foi realizada na França, em 1328. Como os reis continuaram procurando novas maneiras de aumentar sua arrecadação, essas pesquisas fiscais cresceram em número e escopo ao longo do tempo. No entanto, elas apresentam limitações: são apenas um instantâneo no tempo, não mostram tendências de longo prazo e tendem a excluir elementos da sociedade.

Registros seriais vêm em diferentes formas. Os primeiros são do século VIII e correspondem a transportes terrestres, como vendas, trocas, doações e arrendamentos. Outros tipos de registros seriais incluem registros de óbito de instituições religiosas e registros de batismo. Outros registros úteis incluem declarações de espólios e inventários, registros judiciais, preços de alimentos e preços de aluguel, a partir dos quais podem ser feitas inferências.

É importante ressaltar os registros de contagens realizadas na América pré-colombiana por maias e incas. Estes últimos utilizavam um engenhoso sistema de números decimais representados por nós em cordas, chamados *quipus*.

Na Idade Média, os pensadores cristãos dedicaram muitos esforços buscando refutar as ideias clássicas sobre demografia. Contribuintes importantes para o campo foram Guilherme de Conches, Bartolomeu de Lucca, Guilherme de Auvergne, Guilherme de Pagula, Giovanni Botero e Ibn Khaldun.

(6.3) Período protoestatístico

É considerada uma fase introdutória à demografia científica. Nela, observa-se a aplicação de métodos de contagem e registro mais sistemáticos em relação à fase anterior, sem a padronização de caráter universal que lhe sucederia.

6.3.1 Evolução dos censos

Fatores ligados à estruturação do Estado moderno e de seu aparelho burocrático e fiscal determinaram a transição para a fase protoestatística. As categorias de fontes características da fase protoestatística, encerrada com a instauração do registro civil e dos censos realizados com métodos modernos, são:

- registros paroquiais – antigos registros civis que possibilitam observar os movimentos naturais da população;
- listas de contribuintes de impostos;
- listas eleitorais, militares etc.;
- relação de fiéis que comungam;
- correspondência, relatos de viajantes etc.

No tocante aos movimentos populacionais, os registros paroquiais não mencionam, em geral, a origem das pessoas registradas, salvo no caso de estrangeiros. As fontes mais usadas para estudar as migrações são:

- listas de cidadania, registros de guildas ou ligas cidadãs;
- listas de estrangeiros;
- listas profissionais: registros de admissões a grêmios ou corporações, por exemplo;
- listas administrativas: de passaportes concedidos, de entrada e saída de portos etc.;
- contratos de casamentos, testamentos e demais documentos cartoriais[1].

O desenvolvimento de cálculos demográficos teve início nos séculos XVII e XVIII. A tomada de censo, no entanto, remonta a quase 2 mil anos entre chineses e romanos e, ainda mais, na história entre alguns grupos do Oriente Médio.

Um dos primeiros estudos demográficos no período moderno são as *Observações naturais e políticas feitas sobre as contas da mortalidade* (no original em inglês, *Natural and political observations made upon the bills of mortality*, de 1662), de John Graunt (1620-1674), que contém uma forma primitiva de tabela de vida (Graunt, 1939).

---

1 *Documentos de registro do Estado, realizados em órgãos da burocracia, ou cartórios.*

6.3.2 Evolução nos métodos quantitativos

Matemáticos, como Edmond Halley, desenvolveram a tabela de vida como base para a matemática do seguro de vida. Richard Price foi creditado com o primeiro livro sobre contingências de vida publicado em 1771, seguido, posteriormente, por Augustus de Morgan, com a obra *Sobre a aplicação de probabilidades em contingências de vida* (1838).

Em 1755, Benjamin Franklin publicou seu ensaio *Observations Concerning the Growth of Human Peopling of Countries*, projetando um crescimento exponencial nas colônias britânicas. Seu trabalho tem reconhecida influência sobre o *Ensaio*, de Thomas Robert Malthus (1799), considerado um dos pontos de início do pensamento demográfico moderno.

Carl Gauss e Pierre Laplace desenvolveram, em meados dos anos 1700, a distribuição normal de probabilidades, instrumento que deu todo um caráter inovativo à teoria estatística, permitindo que a estimação de dados fosse levada a um nível instrumental superior de utilização.

(6.4) Período estatístico

O início de registros sistemáticos e padronizados, em caráter comparativo entre unidades distintas no mesmo intervalo de tempo, ou de uma mesma unidade de análise ao longo do tempo, marca o período estatístico.

6.4.1 Primeiras padronizações

A segunda metade do século XIX recebeu uma explosão de censos por todo o planeta, dando início ao período conhecido como *estatístico* nos estudos populacionais. Contagens detalhadas, com grande riqueza e variedade tipológicas, foram realizadas nos cinco continentes, permitindo um grau de desagregação de informações até então inédito. Dados sobre etnia, gênero, idade, estado civil, grau de escolaridade, nível de renda, dispersão territorial, movimentos migratórios etc., condição nunca observada na história censitária ou mesmo em registros civis.

Há quatro fatores que explicam esse salto quantitativo. Em primeiro lugar, houve a consolidação dos estados nacionais. O período napoleônico (1799-1815), ao jogar caos (e cal) sobre as monarquias colonialistas da Europa da primeira metade oitocentista, deu condições a que várias colônias, especialmente na América Latina, procedessem com seus processos de emancipação. A constituição de estados nacionais, de alguma forma inspirados pelo caráter "iluminista" do projeto representado pela França napoleônica, ela mesma entusiasta desse aprimoramento censitário, teria motivado vários dos primeiros censos nas ex-colônias. Não se pode descartar também a iniciativa dos próprios países europeus – em sua versão de estados nacionais, sobretudo na segunda metade do século XIX –, que buscaram maior detalhamento e sistematização de suas informações demográficas, o que se estendeu até as colônias que lhes restaram após o fim do vendaval napoleônico.

Em segundo lugar, houve, no período, um aperfeiçoamento da teoria das probabilidades e estatística inferencial, com a aplicação da teoria da distribuição normal (formulada por Carl F. Gauss e Pierre Simon-Laplace ainda no século XVIII) por Aldophe Quételet (1796-1874) no estudo de diversas características das populações humanas: altura, peso, natalidade, mortalidade, renda etc. A teoria da estimação na estatística também recebeu contribuições nos procedimentos de preencher espaços vazios entre os dados coletados, por meio das técnicas de previsão, retrospectiva e interpolação.

Entre outros campos, esse incremento técnico serviu também a um terceiro fator: o debate e a difusão de teorias demográficas. O *Ensaio*, de Malthus, recebeu várias edições ao longo do século XIX, incorporando o debate sobre o princípio da população, o que mostra, sem grande esforço, a grande discussão suscitada pela tese malthusiana. As teorias envolvendo estudos demográficos foram incorporadas em definitivo a diversas áreas do conhecimento nas ciências naturais, humanas e sociais.

Os anos de 1860 a 1910 podem ser caracterizados como um período de transição, em que a demografia emergiu das estatísticas como um campo de interesse separado. Há trabalhos de grandes demógrafos internacionais, como o já citado Adolphe Quételet (1796-1874), William Farr (1807-1883), Louis-Adolphe Bertillon (1821-1883) e seu filho Jacques (1851-1922), Joseph Körösi (1844-1906), Anders Nicolas Kaier (1838-1919), Richard Böckh (1824-1907), Émile Durkheim (1858-1917), Wilhelm Lexis (1837-1914) e Luigi Bodio (1840-1920), que contribuíram para o desenvolvimento de ferramentas de métodos e técnicas de análise demográfica.

Por fim, um quarto fator decorreu dos três anteriores: a criação de órgãos de pesquisa e estatística governamentais, acadêmicos, formados por fundações científicas ou mesmo privados, com o intuito de coletar e analisar dados. Esses órgãos adquiriram, progressivamente, um protagonismo crescente no debate sobre os estudos da população, inclusive no intercâmbio tecnológico que permitiu uma possibilidade de comunicação cada vez maior entre os dados coletados por diversas instituições.

É necessário reconhecer que, no tocante ao empenho dos estados nacionais na realização de censos, houve notório avanço em relação ao trinômio impostos–controle social–contingentes militares, ao se observar o detalhe e a riqueza tipológica de sua execução. Contudo, o ápice desse desenvolvimento desembocou na chamada *era da catástrofe* (1914-1945), marcada por duas guerras mundiais (1914-1918 e 1939-1945) e a maior crise econômica até então (1929), além da ascensão de formas de organização política e social baseadas em uma visão discricionária e pseudocientífica do desenvolvimento humano, como o fascismo e o nazismo, que buscaram, reconhecidamente sob as bênçãos do capital, a opressão social e o conflito bélico.

Em outras palavras, a síntese desse desenvolvimento da demografia como ciência parece ter ocorrido exatamente para arrecadar mais recursos para conduzir populações à guerra e à carestia. De toda forma, devemos ressalvar, até como antítese dessas atrocidades do espírito humano, que houve grande contribuição da Rússia, por meio de seu processo revolucionário deflagrado em 1905 e consolidado em 1917. Os serviços de estatística da Rússia bolchevique inovaram e inspiraram muitas das iniciativas do período posterior, com uma influência ainda hoje não suficientemente reconhecida.

6.4.2 As Nações Unidas e a padronização das estatísticas da população

A era da catástrofe (1914-1945) causou certo tipo de hiato no desenvolvimento dos estudos demográficos, no sentido de sua integração e padronização em nível mundial. Iniciativas de coordenação metodológica entre os serviços estatísticos nacionais, tentadas desde o final do século XIX, teriam um breve respiro por meio das diretrizes fundadas pela Liga das Nações em 1912, bruscamente interrompidas pela Guerra de 1914-1918, o que não impediu uma série de censos – muitos deles tardios – realizados pelo mundo durante a década de

1920. A crise de 1929 e a escalada de tensões mundiais que resultaram na Segunda Guerra Mundial (1939-1945) abriram outro hiato.

Finda a guerra, iniciaram-se os esforços de reconstrução do mundo colapsado. A fundação da Organização das Nações Unidas (ONU), em 1945, representou um novo esforço, intensificado, de retomar-se o desenvolvimento em termos mais cooperativos e menos destrutivos. A isso serviria o subsídio de dados consolidados em termos mundiais.

Um dos propósitos da ONU foi o de padronizar as estatísticas socioeconômicas de seus países-membros, permitindo a elaboração de diagnósticos e análises que possibilitassem a criação de políticas para o desenvolvimento. Para isso, as Divisões de Estatística e População tiveram um papel de suma importância, tanto na criação e no desenvolvimento de metodologias de trabalho quanto na criação de espaços institucionais de discussão sobre temas ligados à população e ao desenvolvimento. Os 51 estados-membros fundadores assumiram esse compromisso já na fundação do órgão.

A Divisão de População foi criada nos primeiros anos da ONU para servir como secretaria da então Comissão de População, criada em 1946. Ao longo dos anos, a Divisão desempenhou um papel ativo no diálogo intergovernamental sobre população e desenvolvimento, produzindo constantemente estimativas demográficas e projeções atualizadas para todos os países, incluindo dados essenciais para o monitoramento do progresso na consecução dos Objetivos de Desenvolvimento do Milênio, desenvolvimento e disseminação de novas metodologias, liderando os preparativos substantivos para as principais conferências das Nações Unidas sobre população e desenvolvimento, bem como as sessões da Comissão de População e Desenvolvimento. A Divisão de População das Nações Unidas auxilia o Departamento de Assuntos Econômicos e Sociais no desempenho de suas funções, como membro do Grupo de Migração Global.

O Escritório de Estatística das Nações Unidas, posteriormente, a Divisão de Estatística das Nações Unidas (UNSD), atua sob o Departamento de Assuntos Econômicos e Sociais das Nações Unidas (Desa) como o mecanismo central dentro do Secretariado das Nações Unidas para suprir as necessidades estatísticas e as atividades de coordenação do sistema estatístico global. A UNSD é supervisionada pela Comissão de Estatística das Nações Unidas, criada em 1947, como a principal entidade do sistema estatístico global e o mais alto órgão de tomada de decisão para coordenar atividades estatísticas internacionais, reunindo os principais estatísticos dos estados-membros de todo o mundo.

A Divisão de Estatística reúne e dá publicidade a informações estatísticas de todo o globo, desenvolvendo metodologias, padrões e normas para procedimentos e atividades estatísticas, apoiando os esforços das nações no sentido de fortalecer seus sistemas estatísticos. A Divisão publica, regularmente, atualizações de dados, incluindo o *Anuário Estatístico e o Boletim Estatístico Mundial*, além de livros e relatórios sobre estatísticas e métodos estatísticos, disponíveis no *site* da ONU.

A Divisão de Estatística das Nações Unidas coleta, compila e divulga estatísticas demográficas e sociais oficiais sobre ampla gama de tópicos. Os dados vêm sendo coletados desde 1948 por meio de um conjunto de questionários enviados anualmente para mais de 230 escritórios nacionais de estatística, publicados na coleção do *Demographic Yearbook*. O Anuário Demográfico divulga estatísticas sobre tamanho e composição da população, nascimentos, mortes, casamentos e divórcios, bem como as respectivas taxas, anualmente. Os conjuntos de dados do censo do Anuário Demográfico abrangem uma ampla gama de tópicos adicionais, incluindo atividade econômica, escolaridade, características da família, características da moradia, etnia, idioma, população estrangeira e população estrangeira. Os conjuntos de dados dos Censos de População e Habitação disponíveis relatados ao UNSD para os censos realizados em todo o mundo desde 1995 estão disponíveis no portal da ONU na rede. A atualização mais recente inclui vários conjuntos de dados sobre migrações pelo globo, conforme relatado pelas autoridades nacionais à Divisão de Estatística da ONU para os anos de referência de 2010 até o presente, quando o órgão soma 193 estados-membros.

Assim, os estudos estatísticos da ONU, disponíveis em suas publicações e relatórios desde 1948, representam um salto efetivo no papel da demografia como instrumento de política de Estado. Com a atuação, e mesmo o propósito *per se*, da ONU, quebrou-se o trinômio milenar de preeminência de controle social, fiscal e militar. Isso se deu não apenas pela transparência no processo censitário desde sua coleta – dirigida e coordenada pelo órgão desde seu planejamento –, mas também pela renovação da pauta de debates sobre a morfologia e a dinâmica da população no espaço. Temas como desenvolvimento, sustentabilidade, equidade social, econômica e de gênero e etnia ocuparam o espaço em um lugar antes inteiramente destinado às antigas discussões relegadas à estratégia competitiva dos estados nacionais. Isso não quer dizer que tais discussões ou mesmo a estratégia competitiva tenham desaparecido, mas encontram-se restritas às peculiaridades e aos papéis que esses estados assumem na ordem global. Evidentemente, as preocupações fiscais, militares e de controle social não desapareceram de suas agendas, mas veem-se obrigadas, hoje, a conviver com temas mais propositivos e voltados à construção de um projeto civilizatório mais construtivo, inclusivo e tolerante para com a diversidade da população do planeta.

Síntese

Neste capítulo, apresentamos um breve panorama histórico dos estudos populacionais, reconhecendo três fases em seu desenvolvimento. Elas se dão pela evolução de seu principal instrumento analítico: a estatística.

A primeira fase, denominada *pré-estatística*, abrange as origens das sociedades organizadas até o primeiro milênio da era cristã. Nela, o advento de rudimentos técnicos ligados à coleta de dados referentes à existência cível de indivíduos municiou a preocupação dos estados com os elementos que propiciaram seu vicejo e perpetuação, por meio do controle dos recursos naturais e humanos, a partir de sua contagem e inventário, do controle social, de impostos e exércitos. Essa seria uma das bases da construção de impérios da Antiguidade, como o chinês e o romano.

A segunda fase, denominada *protoestatística*, tem suas características auferidas por um salto qualitativo nas técnicas, nos procedimentos e na metodologia de tratamento dos dados, ocorrido por volta da transição entre a Alta e a Baixa Idade Média europeia, com o início de discussões mais substanciosas sobre a relação entre população e riqueza, bem-estar e o que seria, mais tarde, chamado de *desenvolvimento*.

Essa fase durou, em sua acepção mais ampla, cerca de oito séculos, até ser superada por novo salto qualitativo, que trouxe, concomitantemente, novo papel às técnicas de observação e diagnose dos dados coletados junto às populações, além de um processo de padronização e sistematização promovido em nível mundial, o que permitiu maior capacidade e abrangência de análise, caracterizando o período estatístico dos estudos populacionais, sob o qual estes ora vigem.

No final do século XVIII, com o surgimento das ciências sociais modernas, como a sociologia, a antropologia, a ciência política e a economia, a demografia adquiriu uma importância que se tornou crescente nas décadas seguintes. Na área de conhecimento da economia, por exemplo, a demografia ganhou espaço pela necessidade de entendimento das relações sociais de produção, dos limites da divisão do trabalho, da relação com a escassez, dos problemas de distribuição da riqueza produzida e do abastecimento dos fatores de produção. Com essa interface, surgiram as primeiras teorias demográficas, relacionando a produção e o dispêndio de riqueza com a evolução quantitativa de uma dada população. Malthus, em 1798, em seu *Ensaio*, apresentou o princípio da população, no qual havia discrepância entre os crescimentos demográfico e dos meios de subsistência.

A crítica de Marx a Malthus na *Crítica à economia política*, quase 70 anos após o *Ensaio*, e a subsequente teoria da transição demográfica, em meados do século XX, relativizaram o caráter postular do princípio malthusiano. Contudo, um ramo da teoria econômica que ganhou força a partir do segundo quartil do século XX – a teoria do desenvolvimento econômico – incorporou às preocupações da demografia econômica os desdobramentos de política e planejamento econômicos. Destes derivaram as teorias tanto da explosão quanto da transição demográfica. A ideia de desenvolvimento econômico – seja sob a forma de mudanças na estrutura das relações de produção, seja sob a forma da mudança das próprias relações de produção – terminou por se tornar seu denominador comum.

Atividades de autoavaliação

1. A que se relaciona o critério para a periodização dos estudos demográficos?
   a) À sistematização dos métodos matemáticos e estatísticos.
   b) À evolução das formas de estado e organização social.
   c) À padronização e à universalização dos métodos de contagem e registro das populações.
   d) À evolução dos métodos de registro apresentados pelo estado.
   e) Nenhuma das alternativas anteriores.

2. A diferença do período pré-estatístico para o protoestatístico está:
   a) na criação de registros formais e sistemáticos quantitativos da população.
   b) na padronização e na universalização de registros formais e sistemáticos quantitativos da população.
   c) na criação de órgãos internacionais de controle dos métodos de contagem e registro da população.
   d) na evolução dos métodos estatísticos de registro e análise dos dados demográficos.
   e) Nenhuma das alternativas anteriores.

3. Assinale a alternativa que indica uma característica que **não** é do período estatístico:
   a) Novo papel às técnicas de observação e diagnose dos dados coletados junto às populações.
   b) Um processo de padronização e sistematização promovido em nível mundial.
   c) Maior capacidade e abrangência de análise dos dados demográficos.
   d) Criação de censos periódicos da parte dos estados nacionais.
   e) Uso de registros cartoriais como fontes demográficas.

4. Qual a finalidade primordial dos primeiros censos?
   a) Planejamento e gestão do Estado.
   b) Controle da saúde da população.
   c) Fiscal e militar.
   d) Distribuição da riqueza produzida.
   e) Nenhuma das alternativas anteriores.

5. Qual o órgão que padroniza a coleta e o processamento de dados populacionais pelo globo em última instância?
   a) Nasa.
   b) Banco Mundial.
   c) Cruz Vermelha.
   d) IBGE.
   e) ONU.

Atividades de aprendizagem

Questões para reflexão

1. Quais critérios norteiam a periodização dos estudos demográficos? Eles são válidos? Justifique.

2. Quais fatores podem ser atribuídos ao surgimento do período de estudos demográficos conhecido como *período estatístico*?

3. Quais as consequências da atuação de organismos internacionais como a ONU para o desenvolvimento da demografia?

Atividade aplicada: prática

1. Consulte o portal de população da ONU.

Capítulo 7

Algumas teorias

Teorias, em sua concepção científica, são sínteses aceitas em um campo delimitado do conhecimento que consistem em hipóteses passíveis de comprovação e confronto com os fatos e as evidências que as corroboram ou refutam. Na demografia, elas buscam apresentar uma explicação para a dinâmica do crescimento populacional.

Modernamente, as principais teorias da população surgiram com base no princípio da população, apresentado, no final do século XVIII, por Thomas Malthus. Com base no debate, questionamento, refutação e reformulação das proposições malthusianas, surgiram outras três, a saber: (1) a teoria crítica ao malthusianismo, ou reformista; (2) a teoria neomalthusiana, que pode ser chamada também de *teoria da explosão demográfica*; e (3) a teoria da transição demográfica.

Neste capítulo, analisaremos essas teorias e o debate que, na atualidade, se estabelece entre a teoria da explosão demográfica e a teoria da transição demográfica.

(7.1)
Malthus e a demografia[1]

Thomas Malthus é a referência mais direta em relação à ciência da população. O autor do *Ensaio sobre a população* (1798) é o responsável pela divulgação de uma das teorias mais interessantes a respeito da relação entre população e bem-estar. Seu pensamento influenciou desde pensadores de sua época, como David Ricardo, até a contemporaneidade. Alguns, como Karl Marx, o consideraram um plagiador de teorias populacionais anteriores ao *Ensaio*, acusação feita

---

1 Boa parte desta seção fundamenta-se, com algumas alterações, no artigo de Souza e Previdelli (2017). Considere as ideias presentes na versão deste livro como preponderantes.

repetidamente em *O Capital*. O trabalho que revolucionou o pensamento econômico do século XX, a *Teoria geral*, de John M. Keynes, homenageia Malthus em seu princípio mais inovador e diz que a teoria econômica teria sido muito mais avançada se seguisse a linha de pensamento do pastor anglicano, que também teve a antipatia de seus colegas clérigos, por chamar a atenção para as consequências do crescimento desinibido da população combinado com uma oferta insuficiente de recursos (Souza; Previdelli, 2017).

7.1.1 Debate sobre a população à época de Malthus

Na segunda metade do século XVIII, dois eventos históricos ganhavam corpo na Europa: a Revolução Industrial e a Revolução Francesa. O ambiente ideológico característico do Iluminismo norteou o debate sobre a pobreza entre os séculos XVIII e XIX. Vários pensadores sociais daquela época forneceram muitas explicações para o fenômeno. O uso de dados demográficos como fonte dessas interpretações levou a três possibilidades explicativas, a saber:

1. não há ligação entre população e pobreza;
2. existe uma correlação negativa entre ambas, ou seja, quanto maior a população, menor o nível de pobreza;
3. existe uma correlação positiva entre ambas, ou seja, quanto maior a população, maior a pobreza.

As obras nas quais não foi encontrada nenhuma conexão entre população e carestia remontam às *Cartas Persas*, de Charles Montesquieu (1721), que, entre outras coisas, alegou ser a população da Antiguidade maior do que a de seu tempo. Aparentemente, o próprio Montesquieu teria usado um conceito antigo de que o crescimento populacional resultava do crescimento econômico. Portanto, podemos dizer que o ponto de partida para discussões sobre pobreza e população esteve, naquele momento, na mudança do nexo de causalidade entre crescimento econômico e crescimento demográfico.

Uma retrospectiva dessa questão até sua origem mais remota chegou a Giovanni Botero, em sua obra de 1589, *Das causas da grandeza e magnificência das cidades*[2], na qual apareceu o que pode ser considerado o embrião da tese malthusiana, consistente no equilíbrio de duas virtudes (*virtus*) que agiriam sobre a população: a *virtus generativa* (equivalente à natalidade) e a *virtus nutritiva* (correspondente à capacidade de produção de alimentos).

A população tenderia a aumentar até o limite permitido pela fecundidade (*virtus generativa*). Os meios de subsistência, entretanto, estariam sujeitos à barreira constituída pela *virtus nutritiva*. É bastante factível que Malthus tenha tomado ciência da teoria de equilíbrio de virtudes de Botero, pois o italiano é referenciado nas obras de William Petty, em 1683[3]; Johann Süssmilch, em 1741[4]; e Robert Wallace, em 1753[5].

É importante reconhecer que a relação inversa entre meios de subsistência e população absoluta representava um pensamento minoritário à época do próprio Malthus. François Quesnay, principal expoente da fisiocracia, uma escola de pensamento econômico francesa do século XVII, David Hume e Adam Smith, em sua *Riqueza das Nações* (1776), assumiram a pressão demográfica como um fenômeno

---

2   Tradução nossa para o título original Della Cause della grandezza e magnificenza delle città.
3   Observations on the Dublin Bills of Mortality.
4   Die goettliche Ordnung in den Veraenderungen des menschlichten Geslechtsaus der Geburt, dem Tode und der Fortpflanzung desselben erwiesen.
5   The Numbers of Man in Ancient and Modern Times. É importante notar que, nessa obra em particular, aparece, pela primeira vez, a tese de que uma população tem a capacidade de crescer geometricamente.

sem maiores correspondências causais a mudanças no bem-estar da população.

Um dos primeiros autores anglófonos a estabelecer a ligação entre crescimento econômico e demográfico, com a sugestão de políticas governamentais, foi William Bell. Em uma obra de 1756[6], Bell defendeu que o desenvolvimento das manufaturas e do comércio, ao retirar recursos da produção de bens alimentícios, poderia gerar um "reprovável" corte no crescimento da população. A solução para esse problema estaria na distribuição da posse fundiária e no favorecimento da agricultura.

À época de Malthus, o discurso dominante na academia sobre a relação entre prosperidade econômica e crescimento demográfico encontrava-se com William Godwin, em sua *Political Justice* (1793), e Condorcet, em seu *Esboço do progresso do espírito humano* (1794). Para Godwin, que assumiu estarem "três quartos do mundo conhecido despovoados", simplesmente não se concebia uma pressão demográfica, cabendo a cada sociedade encontrar equilíbrio entre sua população e produção. Já o Marquês de Condorcet, apesar de reconhecer que "o crescimento da população teria a possibilidade de comprometer o progresso humano", minimizava tal risco, considerando-o "remoto" e contido pela capacidade de inovações técnicas e controle de natalidade. Malthus lançou seu *Ensaio*, em 1798, exatamente contra tais concepções.

7.1.2 Notas biográficas

Thomas Robert Malthus (Dorking, Inglaterra, 13/02/1766 – Bath, Inglaterra, 29/12/1834), proveniente de uma família de aristocratas

---

6 *What causes principally contribute to render a population populous?*

rurais de religião anglicana, teve acesso a uma educação erudita desde cedo, dedicando-se ao estudo dos clássicos da literatura e da filosofia e mesmo à botânica. Malthus se formou em Matemática no Jesus College, da Universidade de Cambridge, e foi ordenado pastor em 1788. Em 1793, foi admitido como pesquisador em Cambridge, ofício que exerceu juntamente com a supervisão de uma paróquia em Albury. Em 1798, lançou uma obra anônima, o *Ensaio sobre o Princípio da População*, cuja tese central – a de que a população crescia a taxas maiores do que o produto – tinha como decorrência a atribuição dos fenômenos da carestia e da fome ao "excesso populacional" gerado pelo desequilíbrio entre o crescimento demográfico e os meios de subsistência.

Desde sua publicação, o *Ensaio* recebeu críticas e aplausos. A obra ganhou várias edições ao longo da vida de Malthus, mas apenas em 1803 o pastor assumiu sua autoria. Por mais que os defensores de Malthus apontem o sucesso da tese da explosão demográfica como uma vulgarização de suas ideias, é visível seu sucesso ter-se dado por atribuir a causa do problema da carestia a suas maiores vítimas, e não aos beneficiários das transformações econômicas da época.

Ciente da propriedade e da ressonância que seu argumento encontrava, especialmente na burguesia industrial, Malthus estendeu o conceito de esgotamento dos recursos materiais à questão do crescimento e da distribuição do produto, com a obra *Uma investigação sobre o a natureza e o progresso da renda*, de 1815, e o panfleto *A lei dos pobres*, de 1817. As críticas às *Poor Laws*, criadas em meio ao trato das crises sociais e econômicas geradas na Inglaterra dos séculos XVII e XVIII, em plena Revolução Industrial, encontraram lugar nos interesses dos industrialistas ingleses, interessados no barateamento progressivo de sua mão de obra, por meio da redução de custos para além do limite de subsistência.

Uma última polêmica sobre a relação entre produção e consumo com David Ricardo – à época considerado o maior expoente de pensamento do que seria chamado, posteriormente, de *Escola Clássica* ou *Economia Política Clássica* – colocou as ideias de Malthus sobre economia à margem do debate acadêmico-científico. Malthus estacionaria sua carreira acadêmica em 1805, lecionando no Haileybury College até sua morte, em 1834.

Suas ideias sobre população, contudo, não foram abandonadas pelos clássicos. Talvez em uma busca final de reconhecimento pela comunidade acadêmica, Malthus voltou a elas, em seus últimos anos, ao escrever o verbete *população* para a *Enciclopædia Brittanica*, de 1824, que terminou editado como um panfleto intitulado *Uma visão sumária do princípio da população*, em 1830. Quatro anos depois, em Bath, um povoado próximo a Londres, Malthus faleceu de mal súbito enquanto visitava parentes no Natal. Casado desde 1805, Malthus teve três filhos e nenhum neto.

7.1.3 *Ensaio sobre a população* e o princípio malthusiano

Publicado anonimamente em 7 de junho de 1798, o *Ensaio* teve várias edições e revisões ao longo da vida de seu autor[7]. Escrita sob o furor da Revolução Francesa e da Revolução Industrial, a obra dialoga com as ideias de transformação social da primeira e os problemas de distribuição de riqueza da segunda. Sua tese central – conveniente aos interesses burgueses, enunciada em tom diretivo, ganhou a condição de "princípio" sem ter a devida base empírica para isso.

---

7   O título orignal da obra de Malthus é Essay on the principle of population as it affects the future improvement of society: with remarks on the speculations of Mr. Godwin, Mr. Condorcet and other writers.

O tema central do *Ensaio* pode ser resumido em três palavras: **população, produção** e **pobreza**. O ambiente cultural do Iluminismo parece ter conduzido os olhares sobre o tema à aceitação da tese de que população e riqueza caminham juntas[8]. Malthus não foi o primeiro a discordar dessa visão, mas sim o propagandista mais eficiente da tese contrária. Já nas primeiras páginas do *Ensaio sobre a população* é possível ler o enunciado "A população, quando não controlada cresce numa progressão geométrica. Os meios de subsistência crescem apenas numa progressão aritmética" (Malthus, 1982a, p. 282).

Os meios de subsistência cresceriam em uma razão do tipo 1:2:3:4:5..., enquanto a população aumentaria em 1:2:4:8:16:32....

Esse é o chamado *princípio da população*, mantido intacto pelo autor em todas as edições do *Ensaio*. Mudou, contudo, a forma adotada por Malthus para fundamentá-lo.

Na primeira edição, de 1798, Thomas Malthus limitou-se a embasar seu *princípio* com exemplos históricos de dados populacionais da Europa (sobretudo, da Inglaterra), comparando os aspectos do crescimento populacional da Antiguidade com os de sua época. Os 19 capítulos dessa primeira edição distribuíam-se entre: a enunciação do *princípio da população* (capítulos 1 e 2); o embasamento histórico referido anteriormente (capítulos 3 a 7); as críticas à literatura corrente sobre o assunto (capítulos 8 a 17); e um fecho, com proposições gerais acerca do futuro da humanidade, dado o *princípio* populacional (capítulos 18 e 19).

Assim, quase a metade do *Ensaio* original era dedicada à crítica de conceitos sobre a relação entre população e crescimento econômico que eram então de uso corrente (capítulos 8 a 17). Malthus, com seu

---

[8] Para mais informações sobre esse assunto, veja a História da análise econômica, de Joseph A. Schumpeter, Capítulo 5 (Schumpeter, 1962).

princípio da população, buscava refutar as teses de Condorcet e Godwin de que crescimento populacional geraria riqueza. A diferença entre os ritmos de crescimento da população e do produto seria a chave. Fazendo uso dos primeiros censos da Inglaterra, Malthus atacou as teses dos chamados *populacionistas*, acusando-os de "excessivo otimismo".

É preciso reconhecer o poder comunicativo do *princípio da população*. Seu enunciado unia uma simplicidade próxima à formulação matemática à antítese entre as progressões "geométrica" e "aritmética". Ainda que, na primeira edição, Malthus não tivesse realizado sequer um cálculo aproximado com base em dados demográficos, ou mesmo uma demonstração algébrica de sua tese central em qualquer uma das edições do *Ensaio*, ela tinha o *status* retórico de uma lei da mecânica newtoniana no debate público, sendo boa demais para ser descartada pelos defensores da retirada das *Leis dos pobres*. Pressionados pelas evidências da miséria crescendo à margem do progresso material de sua época, os defensores do liberalismo da economia clássica agarraram-se à tábua de salvação malthusiana, construindo a falácia de composição de atribuir a carestia ao excesso de pobres, e, em última análise, ao destempero reprodutivo de seu contingente.

A proposição de Malthus de que qualquer população produzia riquezas em razão inferior ao seu crescimento numérico – hipótese passível de comprovação até mesmo para o modo de produção capitalista – desviava, de toda forma, os olhos dos analistas do problema da sua **distribuição**. David Ricardo, um dos pilares da economia clássica, ao expor a "lei dos rendimentos decrescentes" em seus *Princípios de economia política e tributação* (1817), expressou várias vezes esse débito intelectual com o pastor, em correspondência com ele.

De toda forma, a segunda edição do *Ensaio sobre a população*, lançada em 1803, apresentou um trabalho totalmente reestruturado[9] em 55 capítulos, distribuídos em quatro livros. Essa seria a base de todas as outras edições (1806, 1807, 1817 e 1826). Em seu prefácio, Malthus, reconhecendo-se autor do *Ensaio*, promete "uma nova obra", o que, apesar do maior volume, não acontece plenamente. Há poucas mudanças na substância e na fundamentação do **princípio da população**. Malthus apenas adicionou um número maior de dados demográficos que buscaram reforçar as ideias apresentadas.

Um aspecto particular merece nota: ao falar sobre os "obstáculos" ao crescimento da população, Malthus acrescentou, nessa nova edição de 1803, o da "restrição moral"[10], ou seja, celibato voluntário, como uma barreira "moral" às restrições de ordem "natural", ou seja, a fome e a peste, todas como elementos reguladores do "excedente populacional". Assim, Malthus propôs, como alternativa à pobreza, à doença e à inanição, o celibato às classes menos favorecidas na distribuição do produto.

Visto em perspectiva, e em todas as tentativas empreendidas por Malthus de reforçar sua argumentação para além da conveniência à classe dominante de sua época, o *Ensaio sobre a população* parece ter em sua força retórica a sua maior fraqueza empírica: há uma insuficiência de provas quantitativas para a assertiva categórica, e até matemática, de Malthus. À dificuldade de atribuir uma lei mecânica de população, Malthus adicionou evidências e mais evidências censitárias, aproveitando-se – dificilmente com má-fé, é preciso afirmar – da

---

9   *Mesmo o título da obra mudou:* An Essay on the Principle of Population; or a View of its Past and Present Effects on Human Happiness; with an Inquiry into our Prospects Respecting the Future Removal or Mitigation of the Evils which it Occasions.

10 Moral restraint, *no original.*

explosão de censos ocorridas em sua época. À prova direta óbvia, uma demonstração matemática, Malthus contrapôs provas indiretas em censos colocados de maneira seriada. A transição observada da primeira para a segunda edição mostra um autor que saiu da posição de questionador à de questionado. Ainda assim, o poder retórico do princípio populacional malthusiano – unindo a mística quantitativa à conveniência política, especialmente no debate sobre políticas públicas e desenvolvimento – garantiu um lugar destacado na teoria econômica a essa ideia. Essa não seria, de toda forma, a única contribuição às ideias sobre desenvolvimento e população vinda de Malthus.

7.1.4 *Princípios de economia política*: as crises e o princípio da demanda efetiva

Publicados, originalmente, em 1820, os *Princípios de economia política*, de Malthus, não causaram o mesmo impacto do *Ensaio* com os economistas políticos de sua época. Essa obra permaneceu mais ou menos esquecida por mais de um século, até John Maynard Keynes resgatá-la, referenciando-a como o fundamento para o princípio da demanda efetiva em sua *Teoria geral,* publicada em 1936.

Malthus escreveu os *Princípios* em um contexto absolutamente distinto do *Ensaio*. As condições políticas e sociais da Europa haviam mudado em um quarto de século. A crise, que, no final do século XVIII, parecia ser de carência de meios de subsistência ante uma população crescente, oferecia-se, nos primeiros anos do século XIX como uma crise de falta de empregos e insuficiência da demanda.

Pensando sobre sua época, Malthus propôs o que seria considerado um contrassenso aos liberais clássicos de seu tempo: sugeria medidas para ampliar o consumo e a criação de novas oportunidades de emprego, em detrimento da criação de poupança. O crescimento da população encontrava-se completamente alheio à insuficiência da demanda, que era, por si, um problema mais grave para Malthus. Segundo o autor: "O efeito do aumento da população no sentido de elevar os lucros mediante a redução dos salários é muito limitado e logo contido pela falta de demanda" (Malthus, 1982b, p. 189). Em outras palavras, reduzir a renda dos trabalhadores poderia diminuir o nível de consumo, fazendo o nível agregado de renda cair também.

Apontar os riscos de uma crise de superprodução inerentes à insuficiência da demanda transformaria Malthus num herege aos olhos do pensamento econômico vigente (Heimann, 1971). Conceber uma insuficiência de demanda chocava-se com a Lei de Say, que conduzia a condição de pleno emprego à hipótese primordial dos clássicos. Assim, o princípio da população foi incorporado à interpretação econômica ricardiana, enquanto o da demanda efetiva foi considerado "um equívoco". Incompreendido por mais de um século, o princípio da demanda efetiva foi recuperado por John Maynard Keynes, o maior expoente do pensamento econômico do século XX, que dizia ter Malthus descoberto "o demônio do desemprego, que se espalha através do colapso da procura efetiva" (Keynes, 1983, p. 187).

(7.2) Teoria reformista e as críticas a Malthus

O princípio da população, conforme enunciado por Malthus, conferiu a ela o caráter basal do crescimento econômico para os chamados *economistas clássicos*, que adotaram a tese malthusiana como comprovação da irredutibilidade do conflito distributivo. Tornava-se impossível a melhoria do padrão distributivo da renda em uma sociedade em crescimento. Pela visão clássica, feita pelas lentes malthusianas, a criação de sistemas ou mecanismos de assistência social aos pobres seria mesmo nociva ao crescimento e ao desenvolvimento dessa sociedade. O único meio de melhorar as condições de vida dos trabalhadores seria, para os correligionários do princípio da população, a redução de seu número por meio de políticas governamentais ou da simples indiferença às dificuldades "naturais" que famílias teriam em crescer para além da distribuição de recursos. Isso não ficaria impune ao espírito humano.

John Stuart Mill, em sua obra *Princípios de economia política* (1848), manifestou a primeira crítica a essa visão, atribuindo à tecnologia um papel importante na postergação dos efeitos das pressões demográficas. Segundo Mill, a desigualdade geraria mais pobreza, e não o contrário, em uma espécie de retomada da visão de William Godwin e de sua *Political Justice*.

Houve também a crítica dos socialistas chamados *utópicos* (Proudhon, Fourier, Saint-Simon etc.), mas ela não perpassou a conotação humanística que a proposta liberal suscitava. O socialismo "científico" de Marx e Engels, porém, fez uma análise mais fria de seu conteúdo.

Isso não significa que as críticas tenham sido mais brandas. Conforme Marx (1982, p. 177), falando do *Ensaio*: "este escrito, na sua primeira forma, não é senão um plágio superficial [...] dos escritos de De Foe, Sir James Steuart, Townsend, Franklin, Wallace etc. e não contém uma proposição original sequer".

A acusação de Marx foi grave. Em defesa de Malthus, vários argumentos foram postos à baila, por vários autores, com resultados variados[11]. No entanto, o único com materialidade permanece até o momento sendo o marxiano.

Marx não se ateve à acusação de plágio, analisando o princípio malthusiano em sua substância. O princípio da população, fosse ou não autêntico, representava um verdadeiro "dogma dos economistas". Enquanto Proudhon, Sismondi e outros atribuíram os males da população às imperfeições de mercado, Marx observou que uma "lei geral de população" não existiria em uma sociedade humana, dotada de história, arbítrio e autoconsciência. Cada sistema econômico teria suas próprias leis de população, portanto, a enunciada por Malthus correspondia à do modo de produção capitalista.

O excedente populacional absoluto exposto na teoria de Malthus corresponderia a uma superpopulação relativa, para Marx, característica da transição histórica do capitalismo comercial ao industrial. O aumento da demanda por trabalho em um momento e uma posterior mudança na composição orgânica do capital, combinados, gerariam o excedente "relativo" de população que teria configurado o "exército industrial de reserva", reduzindo os ganhos dos trabalhadores à subsistência e mesmo abaixo dela. Esse excedente não se daria em virtude de sua força endógena, de maneira absoluta, mas em função de uma mudança nas relações sociais produtivas do modo de produção capitalista, daí sua relatividade. A lei de população de Malthus refletia, para Marx, a condição de um sistema econômico que, ao contrário de servir a uma população, dela se servia como combustível para sua reprodução. Esse problema não existiria numa sociedade sem a propriedade privada dos meios de produção. Assim, a alternativa da teoria crítica ao malthusianismo, ou reformista, estaria fundamentada nos seguintes princípios:

---

11 *Sobre isso, veja Schumpeter (1962)* – História da análise econômica.

> - cada modo de produção tem suas próprias leis da população;
> - o choque entre população e meios de subsistência seria uma peculiaridade do modo de produção capitalista;
> - a resolução desse choque estaria na superação ou na reforma dos princípios de produção e distribuição de riqueza do capitalismo.

O princípio malthusiano da demanda efetiva, por sua vez, foi completamente descartado pelos economistas da escola clássica, permanecendo à margem do pensamento econômico dominante até a teoria geral de Keynes (1936). David Ricardo, em suas notas aos princípios de Malthus, considerou a tese da crise gerada por insuficiência da demanda efetiva um efeito da "confusão" de Malthus acerca dos processos de produção e distribuição. Nada mais coerente com o pensamento econômico da época. Para Keynes, mais de um século depois, nada mais equivocado.

7.2.1 Um rescaldo da contribuição de Malthus à demografia e ao pensamento econômico

Reconhece-se entre os historiadores das humanidades e ciências sociais que as contribuições de Malthus se deram em duas medidas: uma, na teoria da população; outra, na teoria das crises econômicas.

O princípio malthusiano da população, ainda que não totalmente original, teve grande aderência a um problema então considerado como iminente à conjuntura. Ante a expansão da divisão do trabalho, a crescente urbanização e o crescimento populacional das cidades inglesas, Malthus apontou – ignorando-se o mérito de suas conclusões – para um problema social decorrente da expansão desenfreada das forças produtivas. Com o princípio da população, Malthus tomou o partido do que se consolidou como a visão clássica do problema populacional na teoria econômica. Sua visão contrária às *Poor Laws* e às ações do Estado, no sentido de combater a carestia por meio de políticas redistributivas, encontrou ressonância óbvia nos beneficiários primários da Revolução Industrial. Por essa razão, Malthus se tornou um campeão do liberalismo econômico e dos capitalistas, mesmo em suas leituras mais vulgares.

Ao elaborar sua teoria das crises econômicas, entretanto, Malthus tomou outro caminho. Sobre isso, Eduard Heimann (1971, p. 98-99) afirma que: "O sentido cabal da realização de Malthus, tanto intelectual quanto moralmente, só pode ser apreciado ao compreendermos que ele teve de romper com a escola de pensamento oficial, da qual era um dos chefes glorificados, para fazermos plena justiça ao seu problema".

O questionamento e a inversão da chamada *lei de Say* explicariam as crises econômicas pela insuficiência da demanda. Isso colocou, ao mesmo tempo, o pensamento econômico e demográfico de Malthus sob outra perspectiva e ele, por sua vez, à margem da linha mestra da teoria elaborada à sua época. Se o *Ensaio* revelara-se um ponto de sustentação da visão clássica da relação entre produto e população – e uma conveniente justificativa para a miséria gerada pela expansão do capital industrial –, os *Princípios* apresentavam verdadeiras inconveniências aos capitalistas da época, como a necessidade de as classes mais abastadas dispenderem o máximo possível de sua renda, do empreendimento de obras públicas que assegurassem o nível de emprego da economia etc. Não deixa de ser informativo o fato de que a grande crise do capital em 1929, caracterizada justamente pelo elevado desemprego, daria o mote para a "recuperação" dessa nuance do pensamento malthusiano.

(7.3)
Teoria da explosão demográfica

Surgida ainda no tempo de Malthus, no século XIX, a teoria da explosão demográfica ganhou ressonância na comunidade científica por volta de 1950, constituindo-se, à primeira vista, no princípio da população explicado com base na teoria econômica neoclássica. Retiradas as formas, existem algumas diferenças sutis entre o princípio da população e a teoria da explosão demográfica.

Autodenominados *neomalthusianos*, os teóricos da explosão demográfica buscaram incorporar ao princípio da população e suas ocorrências elementos vindos de duas fontes, a saber: (1) a teoria econômica marginalista, desenvolvida a partir de meados da década de 1860 na Europa e nos Estados Unidos; e (2) os resultados dos debates sobre o controle da natalidade dados nesses locais à mesma época.

Malthus não era um defensor da contracepção, preferindo recorrer à restrição moral, ou abstinência, como freio à explosão demográfica. Mas o desenvolvimento e a expansão dos métodos contraceptivos em nível mundial nos últimos dois séculos deram à expressão *planejamento familiar* um verdadeiro caráter de escolha. O reformista social Robert Owen (com sua *Moral Philosophy*, de 1830) e o médico Charles Knowlton (com o interessante *Private Companion of Young Married People*, também de 1830) foram os primeiros autores a apresentar o emprego de métodos contraceptivos como mecanismos de controle da explosão demográfica. Essa foi, a propósito, a razão do advento de muitas Ligas Malthusianas, criadas entre as décadas adjuntas dos séculos XIX e XX. Consolidado o termo *controle de natalidade*, o I Congresso Mundial da População, realizado em 1927 na cidade suíça de Genebra, foi o marco propositivo de iniciativas de planejamento familiar que foram adotadas posteriormente por órgãos internacionais.

7.3.1 Conceito de "ótimo neoclássico" de população

Teóricos da corrente neoclássica, como Knut Wicksell e Vilfredo Pareto, não tardaram em tecer considerações sobre o crescimento da população e seu impacto sobre a economia. Para esses teóricos, a relação entre população e riqueza seria dada por relações naturais e sociais, para as quais aplicava-se o mesmo critério de decisão da teoria do consumidor: o controle de natalidade representava uma escolha dos indivíduos, dadas suas condições materiais e sua vontade de ter filhos. Haveria crescimento da população até um determinado ponto, denominado *ótimo populacional*, com base no qual a natalidade seria contida por mecanismos de controle. Ao se assumir que, dada uma condição social e econômica, uma família seria capaz de planejar o número de filhos desejados, há uma transposição do pressuposto neoclássico de soberania do consumidor, em que ele é capaz de tomar decisões racionais de otimização de sua satisfação dada uma restrição orçamentária.

Note que o papel da população no crescimento econômico, de clássicos a neoclássicos, passou da ótica ricardiana do estado estacionário para a visão da população como um todo indiferenciado, que cresce de maneira contínua e estocástica.

Matematicamente, na visão dos neoclássicos, a situação seria a de uma função de uma população P, dada em função do tempo (t), em que:

$$\frac{\partial P}{\partial t} = aP - bP^2$$

sendo a e b, respectivamente, as taxas médias de natalidade e de mortalidade.

Portanto, o crescimento vegetativo de uma população seria restringido pela redução de *a*, que se daria em escala muito superior à redução de *b*, de acordo com a hipótese logística dos teóricos neoclássicos.

Os efeitos da população no crescimento econômico são vistos, nesse contexto, como efeitos dos desajustes entre os critérios de bem-estar das famílias e os da sociedade. Uma relação negativa entre ambos não seria mais do que o reflexo de externalidades não internalizadas ou o fato de que as preferências das famílias não refletem o bem-estar das futuras gerações. O ponto *ótimo* de população resultaria da maximização dos parâmetros *a* e *b*, estipulados níveis de crescimento do produto e da população. Nele, a pressão populacional estaria em equilíbrio com os meios de subsistência, sem necessidade de mudança técnica.

7.3.2 Controle populacional como política de desenvolvimento: o neomalthusianismo sem Malthus

Com a nova aceleração populacional ocorrida após a Segunda Guerra Mundial (1939-1945), surgiram teóricos explicando o subdesenvolvimento e a pobreza baseados no crescimento demográfico, que causaria pressões nos gastos governamentais com educação e saúde. A queda nos custos relativos de alimentação e saúde, sobretudo nos países subdesenvolvidos, conduziria a um crescimento de sua população em patamares estratosféricos. Uma população crescente, na opinião dos neomalthusianos, reduziria a eficiência da transformação dos investimentos em poupança, comprometendo o crescimento econômico. Em última análise, segundo os neomalthusianos, uma população numerosa levaria à estagnação econômica, ao esgotamento dos recursos naturais, ao desemprego e à carestia.

A saída para se evitar esse cenário caótico, na visão dos neomalthusianos, seria a adoção de políticas de controle de natalidade por parte dos países que estivessem na iminência de sofrer "pressões demográficas".

O princípio da população também sofreria uma reinterpretação da parte dessa corrente. A ideia de um crescimento "geométrico" da população, originalmente proposta por Malthus, seria substituída pela hipótese de **crescimento exponencial**. A dificuldade de comprovação empírica da hipótese de crescimento exponencial seria compensada por seu forte poder retórico[12], dado também pela proximidade visual gráfica dos dois tipos de progressão. As pressões e os efeitos "naturais" de tais "excessos demográficos" – que, para Malthus, resumiam-se à fome, à insalubridade e à carestia – ganhariam os reforços da guerra e das crises econômicas para os neomalthusianos, podendo até se estender às questões das primeiras visões teóricas sobre o subdesenvolvimento, dadas por teóricos à moda de Rostow, Vinay e Evedy[13]. Assim, para essa corrente, a única saída para os problemas expostos seria o controle de natalidade. A "ajuda" dos países desenvolvidos aos países pobres passaria, além dos investimentos na demanda

---

12 *Uma das ressalvas sobre a diferença entre funções exponenciais e progressões geométricas reside no fato de que as primeiras estão definidas no conjunto dos números reais e as últimas, no conjunto dos números naturais não nulos. A adoção do formato da função exponencial para representar um elevado crescimento de uma grandeza física – no caso, o crescimento populacional – serve ao propósito de substituir a descontinuidade que poderia advir da representação gráfica da progressão geométrica. Porém, como a base pode sofrer variação na função exponencial, esta se adapta melhor à representação de modelos físicos.*

13 *Veja, neste caso, a obra de Agarwala e Singh,* A economia do subdesenvolvimento *(2010).*

efetiva, pela adoção de políticas de controle de natalidade. Esse argumento, ainda hoje, é o mote para políticas de controle de natalidade por órgãos internacionais, como a Organização das Nações Unidas (ONU), o Fundo Monetário Internacional (FMI) e o Banco Mundial.

Nesse ponto, os neomalthusianos regridem em relação à forma de abordagem do problema originalmente exposta por Malthus. A questão da demanda efetiva como impulso do crescimento econômico é ignorada do ponto de vista neomalthusiano, inclusive, o *insight* de Malthus nos *Princípios*, de 1820, conforme apontado por Keynes na *Teoria geral*, mais de um século depois. A sugestão neomalthusiana de controle populacional seria factível se a dissociação entre produto e dispêndio pudesse ocorrer sem efeitos colaterais, como flutuações econômicas e insuficiência de demanda, o que, empiricamente, não acontece. O problema residiria no chamado **conflito distributivo**, e não em uma insuficiência produtiva. Ao mesmo tempo em que determinadas parcelas da população teriam à sua disposição múltiplos recursos para sua subsistência, outras – mais numerosas – sofreriam os efeitos da escassez de recursos derivada da ineficiência da partilha dos recursos disponíveis. Ilhas paradoxais de fartura seriam geradas num oceano de miséria e de carestia.

A miséria não é um problema predominantemente causado pelo excesso de pobres, mas sim pela concentração da distribuição do produto de uma economia, derivada das relações sociais de produção ali vigentes. Os neomalthusianos ignoram, todavia, o papel crucial que uma população crescente exerce no barateamento da mão de obra e na criação de demanda pela produção, fatores que não foram negligenciados em sua época pelo próprio Malthus. Curiosamente, o histórico dos países em que a matriz do pensamento neomalthusiano teve sua formação mostra uma recorrência ao estratagema da população crescente como opção de crescimento econômico, expediente que, ainda mais curiosamente, não é recomendado por estes aos países "em desenvolvimento".

Há, contudo, um problema premente que os neomalthusianos deixam antes de recomendar a contenção demográfica como forma de conter-se também a pobreza. Trata-se dos chamados *fatos*. Desde o início do século XVI até o final do XX, a velocidade de dobra da população mundial reduziu de 300 a 40 anos. Em outras palavras, se antes eram necessários três séculos para que a população mundial duplicasse seu número, no ano 2000, uma mesma pessoa poderia acompanhar esse fenômeno em sua vida e sobre uma base seis vezes maior do que antes: em 1500, estima-se que a população mundial atingiu seu primeiro bilhão; em 2000, o planeta era habitado por pouco mais de 6 bilhões de pessoas.

(7.4)
Teoria da transição demográfica

A teoria da transição demográfica busca, além do postulado malthusiano, lidar com dois fenômenos observados na história:

1. em dados períodos, ocorre uma explosão demográfica;
2. entre os períodos de explosão demográfica, o crescimento vegetativo cai a quase zero.

Observada em perspectiva, a população humana deu um grande salto numérico da chamada *sociedade pré-industrial* (séculos XVII e XVIII) à chamada *sociedade industrial* (séculos XIX e XX), basta lembrarmos que, de um bilhão de habitantes por volta de 1800, a população humana na Terra chegou a 6,5 bilhões na virada do ano 2000.

O primeiro a propor a hipótese de um crescimento desigual da população foi o demógrafo estadunidense Warren Thompson (1887-1973), ao observar, em um artigo de 1929, as mudanças experimentadas pelas sociedades que sofreram o processo de industrialização (Thompson, 1929).

Nas sociedades pré-industriais, as taxas de natalidade e mortalidade eram elevadas, entretanto, à medida que se desenvolveu a industrialização, as condições de vida melhoraram e a mortalidade foi reduzida. Isso fez com que, por um dado período, se combinassem natalidade elevada e mortalidade reduzida, o que causou o salto no crescimento vegetativo. A partir de um certo grau de desenvolvimento, a natalidade cairia também, contendo o crescimento da população por meios naturais.

Warren Thompson elaborou sua teoria da transição demográfica com base em três categorias de países – A, B e C –, arroladas de acordo com suas taxas de crescimento vegetativo. As nações progrediriam, por meio da industrialização, da categoria C, caracterizada por altas taxas de natalidade e mortalidade, para a categoria B, de alta natalidade e baixa mortalidade, e, por fim, para a categoria A, que apresenta baixas natalidade e mortalidade. O processo todo compreenderia quatro fases, de acordo com o que mostra o gráfico a seguir.

Gráfico 7.1 – Fases da teoria de transição demográfica

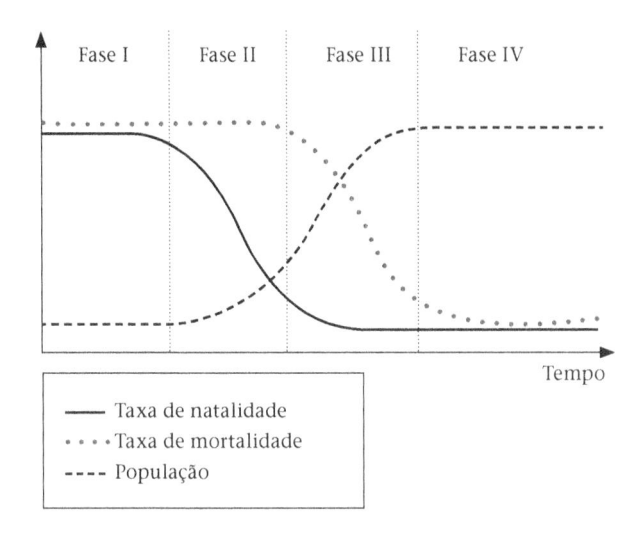

```
        Fase I   Fase II   Fase III   Fase IV
```

Tempo

- ——— Taxa de natalidade
- · · · · Taxa de mortalidade
- - - - - População

Na primeira fase (I), as taxas de natalidade são muito altas, mas a mortalidade é também muito elevada, o que resulta num crescimento vegetativo baixo. Dado um desenvolvimento industrial (Fase II), os índices de mortalidade baixam razoavelmente, graças às melhores técnicas agrícolas, avanços tecnológicos de saneamento, educação e saúde, o que eleva a expectativa de vida, entretanto a natalidade permanece elevada, causando o aumento no crescimento vegetativo. Como resultado, a população tem significativo crescimento numérico.

Em dado ponto, a natalidade cai (Fase III), por diversos motivos, como expansão dos métodos contraceptivos, inclusão da mulher na educação e no mercado de trabalho, substituição da agricultura de subsistência pela diferenciação agrícola etc. Em decorrência disso, o crescimento vegetativo é reduzido. Por fim, a natalidade e a mortalidade estabilizam-se em níveis baixos (Fase IV) e o crescimento vegetativo tende, novamente, a zero. Ainda poderia ser colocada uma quinta fase, em que a natalidade cairia abaixo da mortalidade, causando um crescimento vegetativo **negativo**.

Síntese

Neste capítulo, vimos que é possível encontrar evidência empírica da transição demográfica numa correlação entre o grau de desenvolvimento de um país e sua posição hipotética dentro da teoria. De acordo com a teoria da transição demográfica, verificamos que os países em desenvolvimento apresentam elevada natalidade, com mortalidade reduzida e crescimento vegetativo elevado, enquanto os países desenvolvidos contêm sua natalidade, apresentando um crescimento vegetativo estabilizado, inclusive negativo, em alguns casos.

A teoria da transição demográfica sugere, então, que a população cresce a **taxas desiguais**, ao longo de seu desenvolvimento, ao contrário da hipótese do princípio malthusiano, que sugere a progressão geométrica, ou mesmo a explosão exponencial dos neomalthusianos. O desenvolvimento de uma nação traria consigo a consciência sobre a necessidade de planejamento familiar.

Abordamos também que a equação populacional de Wicksell aplica-se à teoria da transição demográfica, pois as reduções de mortalidade e de natalidade estariam previstas nos coeficientes a e b. Não existiria, contudo, na referida formulação, a interferência da história (a chamada *variável temporal*) no comportamento da função. Ou seja, o modelo que parece servir com folga à teoria neomalthusiana necessita de forte componente histórico em sua base empírica para ajustar-se à transição demográfica.

Retomando, por fim, um aspecto do contraponto entre as teorias demográficas que apresentamos, é importante notar que a adoção de políticas de contenção da natalidade, à luz da teoria da transição demográfica, reflete uma relação de força entre os países centrais e os periféricos na divisão internacional do trabalho. Os países centrais, com seu crescimento demográfico próximo de zero – e, em alguns casos, até mesmo negativo–, veriam em propostas de contenção populacional, como a elaborada pela Conferência Internacional das Nações Unidas sobre População e Desenvolvimento (realizada na cidade egípcia do Cairo, em 1994), não apenas algo perfeitamente factível ao desenvolvimento de seus próprios contingentes demográficos, mas também um importante freio na transição demográfica dos países periféricos, dando perenidade à condição de dominância dos primeiros sobre os últimos.

Atividades de autoavaliação

1. A base da teoria malthusiana reside na relação entre:
   a) população e meios de subsistência.
   b) fecundidade e capacidade produtiva.
   c) expectativa de vida e consumo.
   d) mortalidade e massa salarial.
   e) Nenhuma das alternativas anteriores.

2. Assinale a alternativa que **não** é uma crítica à teoria malthusiana:
   a) A falta de um modelo empírico que a sustente.
   b) O caráter extratemporal e anacrônico do princípio malthusiano.
   c) A proposição de planejamento familiar.
   d) A injustiça social causada pela restrição moral aos pobres.
   e) O caráter anti-humanitário das críticas às "leis dos pobres" feitas por Malthus.

3. O ótimo neoclássico retoma uma questão malthusiana com base na(o):
   a) alocação de recursos sob condições de maximização.
   b) restrição de reprodução da força de trabalho a partir de uma dotação orçamentária.
   c) equilíbrio entre duas variáveis: produção e reprodução.
   d) equilíbrio entre pobreza e fome.
   e) Nenhuma das alternativas anteriores.

4. Assinale a alternativa que indica a contraposição ao pensamento malthusiano apresentada pela teoria da transição demográfica:
   a) Propor a mudança de modo de produção, sob o qual não ocorreriam as leis malthusianas.
   b) Mostrar a estabilização do crescimento populacional em um nível de desenvolvimento.
   c) Sugerir políticas de planejamento familiar.
   d) Questionar a explosão demográfica dada pela curva de possibilidades produtivas.
   e) Nenhuma das alternativas anteriores.

5. Assinale a alternativa correta com relação ao princípio da demanda efetiva, formulado por Keynes na Teoria Geral e atribuído a Malthus em sua primeira idealização:
   a) Afirmaria o princípio da população malthusiano.
   b) Entraria em contradição com o princípio da população.
   c) Complementaria o princípio da população, incluindo as crises causadas pelo subconsumo.
   d) Não teria qualquer relação com o princípio da população.
   e) Nenhuma das alternativas anteriores.

Atividades de aprendizagem

Questão para reflexão

1. Com base nos estudos deste capítulo, reflita sobre a relação entre população e desenvolvimento em seus aspectos quantitativos e qualitativos. Elabore um texto com suas reflexões.

Atividade aplicada: prática

1. Como se trata de capítulo fundamentalmente teórico, sugerimos que você consulte artigos científicos sobre o tema na internet, a fim de aprofundar seu conhecimento.

Capítulo 8
Estudos populacionais no Brasil: da Colônia ao Censo de 1872

Neste capítulo, apresentaremos o desenvolvimento dos estudos demográficos brasileiros em suas particularidades de motivações, métodos e procedimentos de coleta e análise de dados. Trataremos também do caráter fiscal e militar das primeiras contagens e a evolução desse caráter em correlação à independência e à constituição do Estado nacional brasileiro, destacando a importância do Censo de 1872 como um marco nos estudos populacionais brasileiros

Os estudos populacionais no Brasil têm duas linhas condutoras em sua evolução: uma determinada pelas demandas externas, marcadas pela evolução própria da demografia como campo de estudos; e outra correlata às características do desenvolvimento da demografia no país, com suas idas e vindas, continuidades, rupturas e particularidades.

O primeiro censo oficial do Brasil foi realizado em 1872. Antes dele, o trabalho de coleta de estatísticas fidedignas era reconhecidamente árduo. As estimativas disponíveis baseiam-se em quase sua totalidade em registros religiosos coloniais e censos provinciais esporádicos, episódicos e de qualidade bastante heterogênea.

Assim, uma primeira divisão explicativa do desenvolvimento dos estudos populacionais no Brasil pode ser estabelecida desde suas primeiras contagens e estimativas até os primeiros censos, em duas fases, a saber: uma chamada de *pré-censitária*, até 1872, data do primeiro censo oficial; e outra, denominada *censitária*, de 1872 em diante. Este capítulo aborda a primeira dessas fases.

(8.1)
PRIMEIRAS ESTIMATIVAS COLONIAIS

Até meados do século XVIII, há apenas estimativas para a população total do Brasil, sem mais detalhamento por unidades territoriais – capitanias ou províncias – e apenas para anos selecionados. Essas estimativas não incluíam, por exemplo, a maior parte da população indígena, que não mantinha contato com os colonizadores. Os valores citados têm fontes diversas, vindos sem mais comentários sobre como teriam sido obtidos, o que limita muito seu uso estatístico. Até 1750, mais ou menos, não há qualquer forma de recenseamento e, embora existam estimativas pontuais da população para algumas capitanias isoladas, as estimativas referentes ao território colonial são escassas. O abade Correia da Serra, em 1776, teria estimado a população brasileira em quase 2 milhões de habitantes.

Mais para o final do século XVIII, provavelmente devido ao interesse gerado pelo ciclo da mineração, a metrópole portuguesa passou a determinar a realização de levantamentos estatísticos sistemáticos da população brasileira, ou seja, com metodologia e periodicidade. Surgiram censos regionais regulares, feitos por meio de listas nominativas de habitantes em domicílios, consolidadas em mapas-resumo da população. Além das informações extraídas das listas nominativas, os mapas deveriam incluir dados sobre natividade, mortalidade e nupcialidade, todos extraídos de registros paroquiais. A dificuldade de coordenação e integração característica da formação territorial brasileira foi marcante no sentido de apresentar resultados bastante heterogêneos nos censos regionais.

Seguindo a tendência da história do desenvolvimento científico da demografia no período, o intento da Coroa Portuguesa ao levantar sistematicamente os números da população na Colônia tinha objetivos fiscais e militares – em outras palavras, cobrar impostos e conhecer a população livre e adulta apta a ser usada na defesa do território. O capitão-mor de cada município usava as Companhias de Ordenanças para realizar esses levantamentos nos domicílios. A participação da Igreja Católica era fundamental na coleta e no levantamento de dados, dada a circunscrição geográfica das companhias e paróquias religiosas, cabendo aos seus clérigos administradores a elaboração de listas nominativas de habitantes, às quais se somavam as listas de batismos e casamentos.

Igreja e militares realizavam a tarefa sem maiores sobressaltos ou atritos entre si. Tratava-se de relacionar em cada ano, nominalmente, todos os habitantes de um domicílio, apresentando os nomes dos chefes e dos demais componentes da residência – chamada *fogo* –, caracterizados por dados como idade, relação com o chefe, posse de bens, valor dos bens etc. Os registros religiosos permitiam informar nascimentos, óbitos e casamentos ocorridos nas circunscrições.

> A "carta régia de 8 de julho de 1800, dirigida ao Vice-Rei do Estado do Brasil, enumera, entre as primeiras obrigações inerentes às funções daquele representante da coroa portuguesa em terras brasileiras, a remessa para o reino de elementos estatísticos".
>
> Pelos dados históricos, constantes dos arquivos oficiais e particulares, o primeiro recenseamento da população do Brasil teria sido efetuado em 1808, em decorrência do aviso de 16 de março daquele ano, baixado pelo Ministro dos Negócios da Guerra, D. Rodrigo de Souza Coutinho, mais tarde Conde de Linhares. Realizado o arrolamento, foi apurada uma população total, para o País, de 4 000 000 de habitantes.
>
> [...]
>
> Convém assinalar, porém, que a opinião abalizada de Humboldt estimou em 4 000 000 de habitantes a população do Brasil em 1810, isto é, dois anos depois, e que uma pesquisa realizada pelo Conselheiro Antônio Rodrigues Velloso de Oliveira, apurando o total de 4 396 132 habitantes para o País, em 1818, constituem elementos favoráveis de confronto ou, pelo menos, indicam não ter havido grandes deficiências no levantamento realizado sob os auspícios do Conde de Linhares, em 1808.
>
> No juízo de Joaquim Norberto, o inquérito realizado pelo Conselheiro Antônio Rodrigues de Oliveira, em 1819, foi, todavia, o primeiro censo de população realizado no País, pela sua aproximação da verdade, pelo possível esmero de sua organização e pela fé que nele se pode depositar. Esse inquérito foi realizado após a elevação da colônia à categoria de reino, quando, pela resolução de 24 de junho de 1818, foi determinado o reestudo da divisão dos antigos bispados e a criação dos que mais necessários parecessem.

> Convém ponderar, entretanto, que os elementos de que se serviu o Conselheiro Velloso de Oliveira, para a sua estimativa, procediam de várias fontes, sem a precisa homogeneidade, tais como informações prestadas pelos párocos, mapas enviados pelos ouvidores ao Desembargo do Paço e por outros magistrados à Intendência Geral de Polícia, esclarecimentos referentes a diversos anos, e abrangendo o período de 1815 a 1818. Para compensar as deficiências de levantamento, quanto aos menores de sete anos, à tropa paga e a outros grupos de população, provavelmente não recenseados, foram feitos acréscimos, no total obtido, de até 25% dos dados apurados. Desta forma, 735 607 habitantes foram arbitrariamente calculados e integrados ao total geral, juntamente à cifra de 800 000 índios, resultante de uma simples avaliação sem qualquer fundamento científico.

Fonte: IBGE, 2003.

(8.2)
Iniciativas censitárias após a Independência

A Independência, em 1822, não trouxe, de início, mudanças significativas referentes à estatística praticada no país ou mesmo aos estudos da população (IBGE, 2003). Os acordos de reconhecimento da independência brasileira junto a outros países, vez ou outra, incluíam cláusulas que demandavam a criação de um serviço de estatística e a realização de censos periódicos pelo então novo Império.

Esses acordos não teriam maior desenvolvimento prático. "A Comissão de Estatística Geográfica, Natural, Política e Civil, criada por Decreto de 25 de novembro de 1829 para tratar do assunto, teve vida efêmera e nada produziu de eficaz durante o curto tempo em que funcionou" (IBGE, 2003).

As primeiras eleições do Império, baseadas na proporção entre livres e escravos, conferem importância adicional aos levantamentos. Os registros paroquiais passaram a constituir a unidade básica de informação para o cálculo do número de eleitores e candidatos ao Legislativo.

Algumas limitações que podem ser apontadas sobre esses dados dizem respeito à exclusão de contingentes significativos, como os menores de 7 anos, não sujeitos ao preceito pascal, que não constavam nas *listas de desobriga* (relação de fiéis que cumpriam o preceito pascal – uma taxa pecuniária cobrada deles pela paróquia). Adicionalmente, essas eram pagas, e os não pagantes eram excluídos da contagem. Reconhece-se, também, o interesse dos párocos em subestimar o tamanho de suas paróquias, a fim de evitar avanços fiscais e desmembramentos. Havia também o interesse em burlar o serviço militar, o que teria afetado a solidez dos dados desses levantamentos. Após a Independência, a preocupação eleitoral adicionada aos levantamentos demográficos conduziu o viés a uma nova situação: havia, agora, interesse em superestimar a parcela destinada ao cálculo do número de eleitores. De toda forma, parcela relevante da população, constituída de mulheres, crianças e escravos, todos não votantes, permaneceu excluída por décadas.

No Segundo Reinado (1840-1889), as Companhias de Ordenanças foram desativadas e a tarefa de coletar as listas nominativas passaram a ser dos juízes de paz e chefes de polícia dos municípios. Iniciativas legais não escassearam. O Regulamento n. 120, de 31 de janeiro de 1842 (art. 18, § 17), "incumbiu os chefes de polícia de fazer o arrolamento das pessoas domiciliadas nas províncias sob sua jurisdição"

(IBGE, 2003). A Lei n. 387, de 19 de agosto de 1846, determinou, em seu art. 107, a realização de censos de população a cada oito anos (IBGE, 2003). A Lei n. 586, de 6 de setembro de 1850, autorizou o governo a empenhar recursos para realizar o Recenseamento Geral do Império, com especificação de que cada província fosse respeitada (IBGE, 2003).

> Em circular de 23 de outubro de 1854, o Ministro dos Negócios do Império ordenou que fosse realizado um levantamento em cada província. Os elementos coligidos nesse inquérito foram divulgados em relatório, em 1856, e apontavam o total de 7 677 800 indivíduos.
>
> Por aviso de 28 de novembro de 1867, também do Ministro do Império, os Presidentes das Províncias foram novamente instados a fornecer as informações que pudessem colher sobre as populações dos territórios sob sua jurisdição, sem que a medida intentada surtisse, ainda dessa vez, o desejado efeito. A essa época, um trabalho elaborado para distribuição na Exposição Universal de Paris registrava que a população do Brasil estaria próxima de 11 780 000 habitantes, assim distribuídos: 1 400 000 escravos; 9 880 000 habitantes livres; e 500 000 indígenas.
>
> O *Atlas do Império do Brasil*, entretanto, divulgado em 1868, registrava um total de 10 030 000 para o conjunto do País, estimado por Cândido Mendes de Almeida. De forma semelhante, a estimativa oficial, feita em 1869 por Thomaz Pompeu de Souza Brazil, atribuiu ao Império 10 415 000 habitantes.
>
> Assim, nova investigação foi solicitada pelo Ministro do Império em aviso datado de 25 de janeiro de 1870. De posse de resultados aproveitáveis para 13 províncias, o Ministério encarregou Joaquim Norberto de Souza e Silva de elaborar relatório circunstanciado sobre a população do Brasil. Nesse relatório, o autor resumiu os resultados de estimativas e inquéritos feitos em diversas épocas, desde os tempos coloniais, para o conjunto do País, na seguinte tabela:

Tabela 1.1 – População brasileira – 1776/1869

Anos	Autoridades	População
1776	Abade Corrêa da Serra	1 900 000
1808	D. Rodrigo de Souza Coutinho	4 000 000
1810	Alexandre Humboldt	4 000 000
1815	Conselheiro Velloso de Oliveira	2 860 525
1817	Henry Hill	3 300 000
1819	Conselheiro Velloso de Oliveira	4 395 132
1825	Casado Giraldes	5 000 000
1827	Rugendas	3 758 000
1829	Adriano Balbi	2 617 900
1830	Malte – Brun	5 340 000
1834	Senador José Saturnino	3 800 000
1850	Senador Cândido Baptista de Oliveira	8 000 000
1856	Barão do Bom Retiro	7 677 800
1867	"O Império na Exposição etc."	11 780 000
1868	Cândido Mendes	11 030 000
1869	Senador T. Pompeu de Souza Brazil	10 415 000

Fonte: SOUZA E SILVA, J. N. de. Investigações sobre os recenseamentos da população geral do império e de cada província de per si tentados desde os tempos coloniaes até hoje. Relatório do Ministério dos Negócios do Império, Anexo D, Rio de Janeiro: Typ. Nacional, 1870. f. 167.

Fonte: IBGE, 2003.

(8.3)
Censo de 1872

O primeiro censo brasileiro ocorreu após um longo trâmite burocrático. A Assembleia Legislativa criou, primeiramente, a Diretoria Geral de Estatística (DGE) pelo Decreto n. 4.676, de 14 de janeiro de 1871.

Antes mesmo da criação da Diretoria Geral de Estatística, ainda no ano de 1870, realizou-se com êxito o Censo do Município Neutro, a que se seguiu, em 1872, idêntica operação, ampliada ao conjunto do Império, de acordo com o disposto no Decreto n. 4.856, de 30 de dezembro de 1871. O Censo Geral do Império, a que aludia o Decreto n. 4.856, foi realizado na data fixada, 1º de agosto de 1872, e correu tão regularmente quanto possível, em quase todo o território nacional, com exceção das províncias de Minas, São Paulo e Mato Grosso, onde motivos imprevistos e de força maior obstaram que os trabalhos fossem executados no tempo estabelecido. (IBGE, 2003)

As características da Administração Pública e a lide com um fato novo são reconhecidas pelo próprio Relatório da Diretoria Geral como elementos causais de alguns transtornos menores, que não impediriam a realização da tarefa com significativo êxito (IBGE, 2003).

Apesar da escassez de meios disponíveis e das dificuldades já mencionadas, 10.112.061 habitantes foram recenseados em 1872 (IBGE, 2003), em todas as 20 províncias brasileiras e no Município Neutro, em um total de 641 municípios, subdivididos em 1.473 paróquias – as unidades primárias de informação, onde se realizou a coleta dos dados. A estrutura e morfologia da população foi apresentada segundo cor, sexo, *status* de liberdade ou escravidão, estado civil, nacionalidade, ocupação e credo religioso.

Na época, o Brasil tinha 9.930.478 habitantes, dos quais 5.123.869 eram homens (51,6%) e 4.806.609 eram mulheres (48,4%). Não foram incluídos na contagem 181.583 habitantes, pertencentes a 32 paróquias estimadas, nas quais não houve o recenseamento em tempo hábil (IBGE, 1990).

Os resultados apresentados pelo Censo de 1872 revelaram uma população 38,3% parda, 38,1% branca e 19,7% negra. A contagem sofreu um evidente desvio com relação aos indígenas, que resultou em subnumeração. Estes, nomeados no censo como *caboclos*, representavam apenas

3,9% do total de habitantes (NPHED, 2012). É provável também que muitos tenham sido classificados, em virtude do tom de pele, como pardos. A maioria dos povos originários não foi contabilizada pelo censo em razão da dificuldade de acesso a diversas aldeias indígenas, que permaneceram isoladas por décadas. Por isso, eles somente retornaram como categoria destacada nos censos a partir de 1991.

Os escravos correspondiam a 15,2% da população brasileira; entre eles, 31% foram declarados pardos. Alguns municípios chegaram a apresentar mais escravos do que pessoas livres, como Santa Maria Magdalena, São João da Barra, Valença, Pirahy e Vassouras, no Rio de Janeiro; Bananal, em São Paulo; Santa Cruz, na Bahia; e São Luiz Gonzaga, no Maranhão (IBGE, 1990).

Segundo o Censo de 1872, 3,8% da população brasileira era composta de estrangeiros, dos quais 36,3% encontravam-se escravizados. A procedência de imigração forçada de africanos correspondia à maior parcela, como ilustra o Gráfico 8.1.

Gráfico 8.1. Brasil – distribuição da população estrangeira por procedência – 1872 (%)

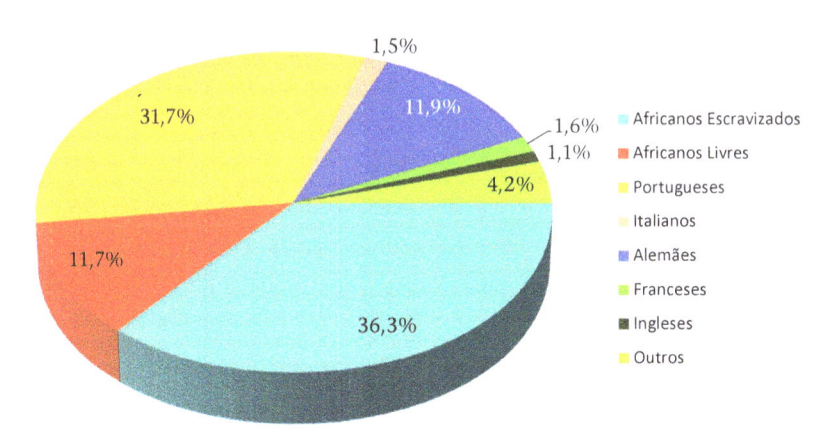

- Africanos Escravizados: 36,3%
- Africanos Livres: 11,7%
- Portugueses: 31,7%
- Italianos: 1,5%
- Alemães: 11,9%
- Franceses: 1,1%
- Ingleses: 1,6%
- Outros: 4,2%

Fonte: Elaborado com base em IBGE, 1872.

A população trazida da África, somados escravizados e livres, constituía 48% do total da imigração do Brasil, em 1872. Conforme indica o Gráfico 8.1, os portugueses vinham em segundo lugar, com 31,7%, seguidos dos alemães (11,9%), dos franceses (1,6%), dos italianos (1,5%) e dos ingleses (1,1%), além de 4,2% de outros estrangeiros. Esse grande contingente de africanos não se encontra dissociado por suas regiões de origem no Censo de 1872, porém, a historiografia indica que seus povos predominantes eram iorubás, bantos, minas, jejes, e hauçás, provenientes de regiões centro-ocidentais do continente africano, bem como dos Golfos do Benim e Biafra.

Embora o tráfico ultramarino de escravos tenha sido proibido pela lei britânica de 1845, intitulada *Bill Aberdeen*, que facultava às naus britânicas a apreensão e abate de navios que traficassem escravos, e pela Lei Eusébio de Queiroz, de 1850, que proibia o tráfico de escravos no Brasil, houve um tráfico residual que perdurou sob forma de contrabando até a Abolição, em 1888.

A distribuição populacional por faixa etária revelou que 24,6% da população era composta por crianças menores de 10 anos de idade. Os adolescentes, com idade entre 11 e 20 anos, compunham 21,1% do total. Os adultos entre 21 e 40 anos representavam 32,9% do total; e aqueles com idade entre 41 e 50 anos representavam 8,4%. A população com idade entre 51 e 70 anos compunha 12,8% do total. Por fim, apenas 3,4 % do total tinha mais de 71 anos de idade (IBGE, 1990). Esses dados revelaram uma pirâmide etária de base larga e altura relativamente abaixo da média mundial de sua época. Assim, o Brasil se apresentava como um país jovem, com potencial de crescimento demográfico.

O Censo de 1872 classificou 99,72% da população como *católica*. Dos 0,28% restantes, classificados como *não católicos*, 80% eram imigrantes alemães (IBGE, 1990). No entanto, há problemas na contabilização desses dados. Em primeiro lugar, o registro dos escravos era fornecido pelos seus senhores, o que, dado o processo de escravização dos africanos em solo brasileiro, os transformava em "católicos" assim que aportavam, recebendo o "batismo". Assim, não se tem a informação correta de sua religiosidade, trazida, muitas vezes, da matriz africana, que deu origem às religiões afro-brasileiras. Outro problema era a ausência de contabilização da população indígena, estimada em cerca de 383 mil nativos, os quais professariam a própria religiosidade.

Além da contagem populacional, o censo apresentou informações mais detalhadas sobre condições especiais, escolaridade e profissão. No que se refere à escolaridade, verificou-se que, entre a população livre, apenas 23,4% dos homens e 13,4% das mulheres eram alfabetizados; e que somente 17% dos homens e 11% das mulheres com idade entre 6 e 15 anos estavam matriculados em escolas (IBGE, 1990). Já no caso das profissões, o ofício mais numeroso era o de lavrador, seguido pelos serviços domésticos. Entre as profissões chamadas *liberais*, a mais representativa era a de artista, avançando, inclusive, entre a população escrava. As profissões predominantes entre as mulheres eram aquelas referentes aos serviços domésticos, à lavoura e à costura. Do total da população (homens e mulheres), cerca de 42% não tinham profissão – 55% entre a população livre e 24% entre os escravos (IBGE, 1990).

A divisão político-territorial do Brasil adotada pelos demógrafos do Censo de 1872 compreendia duas grandes regiões, a saber: o Norte (do Amazonas à Bahia) e o Sul (do Espírito Santo ao Rio Grande do Sul). A população ao norte era de 4.971.407 (50,06%) habitantes e a sulista, de 4.683.469 (47,16%).

A região entendida hoje como Nordeste era a maior do país. Quatro de suas províncias encontravam-se entre as oito mais populosas. Além disso, os moradores das regiões Nordeste e Sudeste compunham 87,2% dos habitantes do país (IBGE, 1990).

O Município Neutro da Corte, localizado nas províncias do Sul, tinha 274.972 habitantes, concentrando de 2,78% da população do país, perfazendo seu total (com os já citados 50,06% ao norte e 47,26% ao sul). Minas Gerais, com 2.039.735 habitantes, era a província mais populosa, com 370 paróquias contabilizadas, o maior número de todas. Havia, em Minas, uma distribuição populacional mais harmoniosa entre zonas urbanas e rurais, resultante de um efeito residual da atividade mineradora, que teve seu apogeu no século XVIII e levou à mudança da capital brasileira, em 1763, de Salvador para o Rio de Janeiro. Essas duas cidades eram as mais populosas no censo de 1872, seguidas, respectivamente, por Recife, em Pernambuco; Campos, no Rio de Janeiro; e Cachoeira, na Bahia.

O Brasil de 1872 era predominantemente rural. A população das capitais do Império correspondia a 10,41% do total. Mesmo os centros urbanos eram escassos: 48% da população urbana vivia no Município Neutro da Corte e nas capitais de província Salvador e Recife.

O Censo Geral do Império de 1872 constitui, assim, a principal informação demográfica sobre o Brasil à época do Segundo Reinado. Seus doze volumes e mais de 8.500 quadros estatísticos oferecem um retrato da situação vivida pelo país, e também o momento constitutivo dos serviços estatísticos do Estado brasileiro à época. A DGE tornou-se, desse modo, o marco histórico inicial da estrutura do Sistema Nacional de Estatística.

Com a instalação da República, o novo governo reorganizou a DGE, ampliando suas atividades com a implantação do registro civil de nascimentos, casamentos e óbitos. A partir de 1890, realizados pela então DGE, os censos ocorreram com periodicidade decenal, exceto em 1910 e 1930, nos quais a conjuntura política impediu sua realização. A DGE foi dissolvida em 1931, e apenas em 1934 foi criado um órgão equivalente, o Instituto Brasileiro de Geografia e Estatística (IBGE).

Síntese

A primeira fase dos estudos populacionais no Brasil reflete uma evolução ocorrida em dois sentidos. O primeiro, no desenvolvimento da própria teoria e do método dos referidos estudos. A evolução dos estudos demográficos relaciona-se, estreitamente, com a constituição do Estado brasileiro. O aprimoramento das técnicas de coleta e análise de informações demográficas não passou despercebido no Império, estabelecido em 1822. Uma das maiores extensões territoriais do Novo Mundo não estaria desatenta às demandas do controle das informações sobre o volume e as características de sua população. O Censo de 1872, com suas reconhecidas limitações, consolidou essa crescente tomada de consciência da parte do Estado.

O segundo sentido dessa evolução coloca o referido censo em perspectiva. A monarquia brasileira foi resultado de um processo de modernização conservadora das instituições: mudou estruturas e processos políticos, mantendo as estruturas sociais e econômicas estabelecidas e vigentes desde a colônia. O Brasil surgiu, como nação, sob a égide da agricultura primária, com sua produção voltada ao exterior, alta concentração da posse fundiária e fundamentalmente escravista quanto ao emprego de sua força de trabalho. Isso transparece nos resultados do Censo de 1872, retrato consideravelmente fiel de sua época.

A lentidão característica da proposta e execução do primeiro censo regular brasileiro é consistente com a própria morosidade do Império, em seu ritmo lento e de permeabilidade seletiva no tocante à entrada em aspectos da modernidade, o que encontra ecos em outras áreas do desenvolvimento, como a economia, as finanças, e as relações com as forças e potenciais produtivos do Império. Não é por acaso que a escravidão e a monarquia, como formas arcaicas já em sua época, ainda insistiram por mais 16 ou 17 anos após o Censo de 1872, antes de sua extinção em processos de igual ou maior lentidão do que o constitutivo do primeiro serviço estatístico do país.

Luiz Eduardo Simões de Souza e Maria de Fátima Silva do Carmo Previdelli

De toda forma, o Censo de 1872 mostrou um país jovem, populoso e com amplo potencial de desenvolvimento. As próprias falhas em seu diagnóstico o caracterizam quanto à sua origem institucional como documento, qual seja: a da oligarquia rural escravista branca. Ainda assim, o próprio contraste apresentado pela composição étnica da população, sua dispersão e a natureza de suas atividades mostram um caminho que poderia ser tomado em qualquer momento de sua história, no sentido de um desenvolvimento mais inclusivo e solidário de seu povo, o que infelizmente não aconteceu mesmo com o fim da escravidão, em 1888, e da própria monarquia, em 1889. Ainda está por acontecer, em sua plenitude, é possível dizer.

Atividades de autoavaliação

1. A primeira fase dos estudos populacionais no Brasil reflete uma evolução ocorrida em dois sentidos:
   a) O primeiro, no desenvolvimento da própria teoria e do método dos referidos estudos; o segundo, em um processo de modernização conservadora das instituições que mudou estruturas e processos políticos, mantendo as estruturas sociais e econômicas estabelecidas e vigentes desde a Colônia.
   b) O primeiro, no desenvolvimento da própria teoria e do método dos referidos estudos; o segundo, como resultado da modernização do Estado brasileiro, que aboliu estruturas produtivas fundiárias arcaicas e o trabalho escravo.
   c) O primeiro, na criação de instituições responsáveis pela coleta e pelo processamento de dados populacionais; o segundo, como resultado da modernização do Estado brasileiro, que aboliu estruturas produtivas fundiárias arcaicas e o trabalho escravo.
   d) O primeiro, na criação de instituições responsáveis pela coleta e pelo processamento de dados populacionais;

o segundo, em um processo de modernização conservadora das instituições que mudou estruturas e processos políticos, mantendo as estruturas sociais e econômicas estabelecidas e vigentes desde a Colônia.
   e) Nenhuma das alternativas anteriores.

2. Os principais problemas dos estudos populacionais anteriores a 1872 no Brasil são:
   a) subnumeração e ausência de registro de contagem.
   b) sobrenumeração e ausência de registro de contagem.
   c) perda de dados censitários e falta de periodicidade.
   d) ausência de instrumentos de coleta e análise de dados e falta de periodicidade.
   e) ausência de instrumentos de coleta, registro e análise de dados.

3. Assinale a alternativa que indica como era o Brasil mostrado pelo censo de 1872:
   a) Industrial, urbano, populoso, com alta expectativa de vida e densamente povoado.
   b) Agrícola, rural, não populoso, com baixa expectativa de vida e pouco povoado.
   c) Industrial, rural, populoso, com alta expectativa de vida e pouco povoado.
   d) Agrícola, rural, populoso, com alta expectativa de vida e densamente povoado.
   e) Industrial, urbano, não populoso, com baixa expectativa de vida e pouco povoado.

4. O que apresenta a pirâmide etária do censo de 1872?
   a) Base larga e altura elevada.
   b) Base estreita e altura reduzida.
   c) Base larga e altura reduzida.

d) Base estreita e altura elevada.
e) Nenhuma das alternativas anteriores.

5. Qual foi a unidade de contagem dos dados do censo de 1872?
   a) Os fogos.
   b) As paróquias.
   c) Os indivíduos.
   d) Os domicílios.
   e) As províncias.

Atividades de aprendizagem

Questões para reflexão

1. Em relação ao período pré-1750, como podemos caracterizar os levantamentos demográficos no Brasil colonial? A que fatores tais condições se deviam?

2. Por qual motivo passou a ser importante o levantamento demográfico brasileiro após a Independência?

3. Quais as principais características do primeiro censo nacional de 1872? Ele representa um marco nos estudos demográficos no Brasil? Por quê?

Atividades aplicadas: prática

1. Consulte o portal do Instituto Brasileiro de Geografia e Estatística (IBGE).
2. Verifique os cursos da Escola Virtual do IBGE, disponível no *link* a seguir:

IBGE – Instituto Brasileiro de Geografia e Estatística. **Escola Virtual do IBGE**. Disponível em: <https://escolavirtual.ibge.gov.br/>. Acesso em: 3 ago. 2020.

Capítulo 9
Estudos populacionais no Brasil: período censitário

Neste capítulo, abordaremos parte da trajetória dos estudos populacionais no Brasil no período censitário que abrange o final do século XIX até o início do século XXI e que foi marcado pela criação do Instituto Brasileiro de Geografia e Estatística (IBGE). O Censo de 1872, com seus avanços e limitações, tem o mérito irrevogável de inaugurar a premência da realização de recenseamentos periódicos no Brasil, consolidando a cultura da coleta, do trato e da análise dos dados estatísticos sobre a população. Essa tomada de consciência já encontrou o Império em seu ocaso, o que se refletiu na efetividade de suas políticas administrativas, que estenderam o hiato temporal de um novo censo para além de seu final, em 1889.

A República, advinda de um golpe militar, pareceu, a princípio, apresentar um sincero interesse em retomar a realização contínua da prática censitária e mesmo a criação de órgãos da Administração Pública. Esse interesse, contudo, não foi para além da realização de um censo, em 1890, o qual não teve continuidade nas suas instituições. Devido às dificuldades políticas internas e externas características da Primeira República (1889-1930), a criação de um órgão efetivo de geografia e estatística ocorreu apenas em 1938, com a criação de um instituto, oito anos após a mudança do regime.

Desde a criação do IBGE, contudo, a tradição censitária foi consolidada no país. Nesse sentido, a participação do Brasil nas comissões de estudos populacionais da Organização das Nações Unidas (ONU) desde seu início, em 1948, colaborou substancialmente para a consolidação do IBGE e da demografia regional no país, salvo exceções pontuais.

Outro aspecto relevante diz respeito à tecnologia. O uso de computadores permitiu estender os estudos populacionais a limites dificilmente imagináveis no início do século XX. A necessidade das políticas de desenvolvimento também aprimorou as técnicas de coleta e análise dos dados censitários para maior complexidade.

(9.1)
Censos na República Velha (1889-1930)

No final do século XIX, a metástase da monarquia afetou toda a Administração Pública, e isso não foi diferente com os serviços de estatística. O Censo de 1872 não teve continuidade, e mesmo a Diretoria Geral de Estatística (DGE) foi extinta, em 1879, adiando o recenseamento previsto no ano seguinte para 1887, o qual nunca foi realizado.

Regime morto, regime posto. Com a Proclamação da República, em novembro de 1889, em menos de dois meses, foi restabelecida a extinta DGE (por meio do Decreto n. 113-d, de 2 de janeiro de 1890) e, nos meses seguintes daquele ano, foi organizado o Primeiro Censo da República (IBGE, 2003). O recenseamento se tornou objeto da Constituição Federal de 24 de fevereiro de 1891, título primeiro, seção I, capítulo II, art. 28, parágrafo 2º: "Para esse fim mandará o Governo Federal proceder, desde já, ao recenseamento da população da República, o qual será revisto decenalmente" (Brasil, 1891).

Apesar da iniciativa do então novo regime, os três primeiros censos decenais da República foram uma escalada crescente de desastres. O primeiro, previsto para 1890, teve a totalidade de seus resultados divulgada apenas às vésperas da realização do II Censo Decenal da República, em 1900. Este, por sua vez, teve seus resultados publicados já em 1901, o que, ao contrário do esperado, suscitou protestos, em virtude da deficiência dos dados divulgados, em particular na capital nacional, o que levou à nova contagem, em 1906, publicizada no ano seguinte (IBGE, 2003). O Censo de 1910 não chegou a ser realizado por razões de ordem política. A própria autonomia da DGE foi posta em jogo – e, como é de costume nessas circunstâncias, o maior prejuízo é do conhecimento. Os problemas não se limitavam apenas à conjuntura política. As questões paroquiais, já existentes desde a época do Império, persistiam, potencializadas pelas frequentes instabilidades promovidas pelas mudanças administrativas. A ausência de instrumentos mecânicos de contagem e tabulação dos dados somava-se às dificuldades em encontrar agentes recenseadores devidamente alfabetizados. De toda forma, os censos de 1890 e 1900 mostraram uma população crescente de, respectivamente, 14,3 e 17,4 milhões.

Com o fim da Primeira Guerra Mundial, em 1918, uma das medidas generalizadas com o intuito de evitar novos conflitos foi o estreitamento das relações internacionais. Alguns anos antes, tentou-se instituir a Liga das Nações, porém sem sucesso. Apesar disso, um dos campos nos quais houve significativo avanço foi o do intercâmbio entre serviços nacionais de estatística. Mesmo com os problemas já citados nos recenseamentos, o Brasil teve presença e participação frequente nos encontros que promoveram esse intercâmbio e essa troca de ideias entre os dirigentes dos serviços de estatística de diversos países e a comunidade acadêmica na área.

Isso gerou uma demanda na DGE por aprimorar técnicas e procedimentos censitários no Brasil. Assim, desde 1919, era o intento da DGE estabelecer em bases seguras o IV Censo Decenal Brasileiro, previsto para 1920. Este, assim, incorporou esse desejo e os de várias organizações da sociedade civil, ansiosas por informações mais precisas sobre a população do país. O Censo de 1920, assim, surgiu não apenas como uma tentativa de o DGE superar insucessos anteriores, mas como uma demanda também exógena.

A Lei n. 4.017, de 9 de janeiro de 1920, norteou "a realização do Recenseamento Geral. Em 21 de janeiro desse mesmo ano", foi "aprovado o regulamento para a execução dessa lei no Decreto n. 14.026" (IBGE, 2003). Medidas preliminares foram tomadas: foi enviado "um emissário especial ao U.S. Census Bureau, dos Estados Unidos, para colher informações sobre os trabalhos preliminares do XIV Censo Americano e obter indicações precisas sobre como adquirir, por compra ou contrato, o equipamento mecânico utilizado na apuração de seus inquéritos" (IBGE, 2003). O problema da falta de meios que assolara os censos anteriores estava então contornado.

Mas, ao mesmo tempo, a tarefa tornou-se maior e mais complexa. Propunha-se, para 1920, fazer a investigação estatística não só da população, "considerada no seu aspecto puramente demográfico, como também da situação econômica das várias localidades" (IBGE, 2003), coletando-se informações da situação agrícola e industrial do país. O principal instrumento de registro no recenseamento de 1920 foi a caderneta demográfica. Seus registros destinavam-se à organização da estatística predial. O recenseamento da população e das indústrias foi considerado, no conjunto, aceitável, entretanto, não se pode dizer o mesmo sobre o censo agrícola e pastoril, em virtude das deficiências detectadas em sua realização, novamente características do porte e da natureza da Administração Pública no Brasil (IBGE, 2003). Nesse censo, houve um total de 18.179 recenseadores, os quais fizeram um levantamentos do número de pessoas vivendo em território nacional (IBGE, 2003). O resultado foi uma população de 30.635.605 habitantes (IBGE, 2003).

"Dentro da periodicidade decenal dos censos brasileiros, prevista em lei, deveria realizar-se em 1930, por força do Decreto-Lei n. 5.730, de 15 de outubro de 1929, o V Recenseamento Geral da população"

(IBGE, 2003). A crise do governo Washington Luís (1926-1930) e a Revolução de 1930 foram os motivos políticos a inviabilizar mais um censo nacional, na ocasião.

(9.2) Criação do Instituto Brasileiro de Geografia e Estatística (IBGE): após 1930

A década de 1930 não foi um período fácil, ainda mais para um país na periferia do capitalismo, como o Brasil. A crise de 1929 implodiu várias economias, gerando instabilidade política e social. Foi o caso da virada dos anos 1920 para os 1930 no Brasil, com a Revolução de outubro de 1930, que pôs fim à Primeira República, e sua escalada à forma ditatorial do Estado Novo, em 1937, o qual se estendeu até o final da Segunda Guerra Mundial, em 1945.

Com todas as suas nuances, a Era Vargas, paradoxalmente à natureza das ditaduras, teve mais a construir do que a destruir. A reestruturação da Administração Pública, por exemplo, com a criação do Departamento Administrativo do Serviço Público (Dasp), em 1938, as reformas políticas que criaram vários municípios e reconfiguraram a distribuição territorial do país foram movimentos constitutivos, entre outros, de uma identidade nacional. A ela, coube um novo serviço de estatística, daí a criação do Instituto Brasileiro de Geografia e Estatística (IBGE), também em 1938, no bojo de uma agenda do Estado forte e desenvolvimentista. Trata-se, assim, de um ponto reconhecido de viragem nos procedimentos censitários e estatísticos no Brasil.

Em 1940, transcorridos 20 anos da última operação censitária, e após a radical transformação da estrutura dos serviços de estatística que se vinha processando nos últimos anos, realizou-se, a 1º de setembro daquele ano, o V Recenseamento Geral do Brasil. Mas houve todo um caminho de construção institucional, realizado a partir da Constituição de 1934 e do estabelecimento do Estado Novo, em 1937.

Pelo Decreto n. 24.609, de 6 de julho de 1934, foi "criado o Instituto Nacional de Estatística [INE], entidade de natureza federativa" cuja finalidade era "promover e executar, ou orientar tecnicamente, em regime racionalizado, o levantamento de todas as estatísticas nacionais" (IBGE, 2003).

Recensamento Geral de 1940: o primeiro do IBGE, quinto do Brasil

Pelo Decreto n. 24.609, de 6 de julho de 1934, era criado o Instituto Nacional de Estatística. [...] Mais tarde, esse instituto passou a denominar-se Conselho Nacional de Estatística e, dentro dos princípios de unidade nacional e de cooperação interadministrativa, passar a integrar, com o Conselho Nacional de Geografia, o Instituto Brasileiro de Geografia e Estatística, por força do Decreto-Lei n. 218, de 26 de janeiro de 1938.

Como igualmente previa o estatuto orgânico da instituição, o Decreto-Lei n. 237, de 2 de fevereiro de 1938, completou o plano anteriormente delineado, criando a Comissão Censitária Nacional, órgão de direção superior do Serviço Nacional de Recenseamento, e que deveria, articuladamente com os demais órgãos do instituto, executar o Recenseamento Geral de 1940.

O Decreto-Lei n. 311, de 2 de março de 1938, que instituiu o sistema de normas reguladoras do quadro territorial, permitiu a melhor delimitação das circunscrições do País, tendo em vista, principalmente, os trabalhos preparatórios do recenseamento geral da população e das atividades por esta desenvolvidas.

Em 21 de dezembro de 1938, era expedido o Decreto-Lei n. 969, que dispôs sobre a realização dos recenseamentos gerais do Brasil e estabeleceu as normas sob as quais se processariam esses levantamentos. Em 15 de abril de 1940, foi esse Decreto-Lei, complementado pelo de n. 2.141, que regulamentou a execução do V Recenseamento Geral.

Planejados os instrumentos que deveriam abranger as investigações consideradas no esquema de seus sete censos e instalada a rede nacional dos serviços censitários, realizou-se, em 1º de setembro de 1940, o Recenseamento Geral do Brasil, que correspondeu ao quinto censo da população; ao segundo censo da agricultura e da indústria; e ao primeiro levantamento do comércio, dos transportes e comunicações, bem como dos serviços.

[...]

O Censo Demográfico de 1940 substituiu aqueles instrumentos, sem alterar-lhes a essência, por um Boletim de Família, um Boletim Individual, a Lista de Domicílio Coletivo e a Caderneta do Agente Recenseador. A caderneta empregada neste censo, de uso exclusivo do agente recenseador, além de conter informações sumárias sobre o setor de operação a que se referia, facultou a obtenção de dados sobre os logradouros, os prédios e respectivos pavimentos, os domicílios e as pessoas neles recenseadas. Os resultados de apuração imediata e preliminar dos dados de população, contidos nessa caderneta, constaram da "Sinopse Preliminar do Censo Demográfico", que a Comissão Censitária Nacional fez divulgar em 1941.

[...]

A apuração, elaboração e subsequente divulgação dos resultados do Censo Demográfico de 1940 sofreram retardamento em razão de várias causas – deficiência quantitativa do equipamento mecânico disponível, demora na devolução do material de coleta preenchido, dificuldades de transporte, grande extensão territorial do País etc. – sendo que, só em 1946, com a divulgação da Sinopse do Censo Demográfico, foram conhecidos os primeiros resultados definitivos desse censo. O Censo de 1940 registrou 41 165 289 habitantes no Brasil.

Fonte: IBGE, 2003.

O Recenseamento Geral de 1950 veio no bojo das reformas territoriais e administrativas da década anterior. Vários municípios foram criados, com autonomia delegada para a execução das atividades censitárias, sob coordenação do CNE. Houve uma primeira mudança administrativa: a orientação geral do censo, de responsabilidade da Comissão Censitária Nacional desde 1940, passou à Junta Executiva Central, órgão do CNE. O que, no censo anterior, coube às Delegacias Regionais passou às Inspetorias Regionais de Estatística Municipal, que integravam a Rede de Agências Municipais de Estatística, de âmbito federal. Os mapas municipais retratavam a então nova divisão territorial e sua elaboração foi feita pelo Serviço Nacional de Recenseamento, com a colaboração de órgãos geográficos regionais, entidades públicas e organizações privadas (IBGE, 2003). Os municípios foram divididos em setores censitários – unidade-padrão de trabalho.

O Censo Demográfico de 1950 apresentou um questionário mais enxuto do que seu antecessor:

> *O número de quesitos baixou de 45 para 25, com a eliminação das perguntas referentes à cegueira, surdo-mudez, naturalidade dos pais do recenseado, data da fixação de residência no País, dos estrangeiros e brasileiros naturalizados, sindicalização, propriedade de imóveis, previdência social e seguros privados. Excluíram-se, ainda, dos boletins as indagações que visavam conhecer a idade do recenseado na data de nascimento do primeiro filho; o número de pessoas que falavam corretamente o Português; o de pessoas que recebiam instrução, a espécie, o grau dessa instrução e o local onde era ministrada; o de pessoas que se habilitaram em alguma arte ou ofício; e a espécie de remuneração na ocupação principal ou suplementar.* (IBGE, 2003)

Além da redução de volume, tais perguntas poderiam suscitar, em sua coleta, a possibilidade de registros equivocados ou mesmo a inviabilização do questionário, pelo inquerido se sentir invadido com a pessoalidade das perguntas referentes à sua condição social e meio de vida, gerando indisposição com os recenseadores.

Fazendo uso da experiência anterior sobre a aplicação dos instrumentos de coleta, o Serviço Nacional "testou seus modelos de boletim entre funcionários de várias repartições públicas e em estabelecimentos industriais fora do perímetro urbano do Distrito Federal", no Rio de Janeiro (IBGE, 2003). Dessa forma, 1.582 pessoas subsidiaram as informações de 348 boletins, e a "data de referência para o Censo Demográfico de 1950 foi fixada em 1º de julho" (IBGE, 2003).

Adicionalmente, surgiram outros problemas, referente a censos anteriores. Estudos do Gabinete Técnico do Serviço Nacional de Recenseamento indicaram a ocorrência de subestimação no cômputo da população recenseada em 1900 e superestimação da população recenseada em 1920 (IBGE, 2003). Nos "resultados do Censo Demográfico de 1940, deixaram de ser computadas 17 913 pessoas recenseadas, [...] por extravio do material de coleta" (IBGE, 2003).

A situação se repetiu no Censo de 1950. Pelo mesmo motivo, deixaram de ser incluídas 31.960 pessoas (IBGE, 2003). Após revisão, e sob pressão da Lei n. 651, de 13 de março de 1949, que "estabeleceu o prazo de dois anos para a divulgação dos resultados gerais e provisórios desse recenseamento" (IBGE, 2003), em março de 1951 foi publicada a Sinopse Preliminar do Censo Demográfico. "Em 1950, a população residente no país era de 51 941 767 habitantes" (IBGE, 2003).

Desde 1948, com a criação da ONU, "o Brasil vem participando de Congressos Internacionais de Estatística e das seções periodicamente promovidas pelo Instituto Interamericano de Estatística (IASI), visando ao desenvolvimento e à comparabilidade das estatísticas oficiais no âmbito das Américas" (IBGE, 2003). Assim, já no Censo de 1950, deu-se um primeiro esforço de padronização de técnicas e métodos, com vistas à integração ao Censo das Américas, o que também remonta à redução do questionário.

O Recenseamento Geral de 1960 seguiu as orientações do Programa Mínimo do Censo das Américas (IBGE, 2003).

O Serviço Nacional de Recenseamento, criado pelo Decreto n. 47.813, de 2 de março de 1960, em caráter transitório, e integrado ao Instituto

> Brasileiro de Geografia e Estatística, foi o órgão executor do censo, auxiliado, nas atividades de coleta, pelas Inspetorias Regionais de Estatística Municipal, do Conselho Nacional de Estatística, que administravam, em cada Unidade da Federação, a rede de Agências Municipais de Estatística. (IBGE, 2003)

Em outras palavras, a estrutura criada no censo anterior foi mantida e institucionalizada, o que conferiu maior solidez ao procedimento censitário.

Manteve-se a estratégia de partida pelos mapas municipais. Dividiu-se os municípios em setores censitários, "formados por área territorial contínua situada num só quadro urbano, suburbano ou rural do mesmo distrito administrativo" (IBGE, 2003), de tamanho relacionado ao número de unidades de contagem. O Censo Demográfico de 1960 não apresentou, também, mudanças significativas em aspectos como o questionário ou a natureza das informações em relação a seu antecessor, o que corroborou a ideia de solidez das informações colocadas em série numérica, registrando uma população de 70.070.457 habitantes (IBGE, 2003).

Uma inovação introduzida pelo Censo de 1960 foi o emprego de amostragem. O tamanho da amostra se constituiu de "25% dos domicílios particulares e pessoas neles recenseadas, além de 25% dos grupos familiares ou componentes de grupos conviventes recenseados em domicílios coletivos" (IBGE, 2003). Aos formulários existentes desde 1940, foi adicionado o Boletim de Amostra.

Os resultados do Censo Demográfico de 1960 terminaram de ser divulgados em maio de 1962, acompanhando o procedimento do censo anterior, mesmo em meio à crise política pela qual passava o país. Foi, ainda, o primeiro censo brasileiro realizado com o auxílio informacional: um computador de alto rendimento, localizado na sede do IBGE.

Recenseamento Geral de 1970

Integrado no Censo das Américas – programa realizado sob o patrocínio do Instituto Interamericano de Estatística (IASI) –, órgão pertencente à Organização dos Estados Americanos (OEA) – o Recenseamento Geral de 1970 abrangeu os Censos Demográfico, Predial, Agropecuário, Industrial, Comercial e dos Serviços, além de inquéritos especiais sobre as instituições de crédito e seguradoras, bem como de produção e distribuição de energia elétrica.

Os estudos preliminares datam de 1967. [...]

A realização do Recenseamento Geral de 1970 obedeceu às determinações do Decreto-Lei n. 369, de 19 de dezembro de 1968, regulamentado pelo Decreto n. 64.520, de 15 de maio de 1969, cujas disposições foram parcialmente alteradas pelo Decreto n. 65.697, de 12 de novembro do mesmo ano. [...]

[...] Computaram-se, em tal Censo, os brasileiros em exercício de missão diplomática ou militar no exterior e os tripulantes e passageiros de navios brasileiros que se encontravam fora dos portos nacionais.

Não foram incluídos no Censo de 1970 os membros de representações diplomáticas ou militares dos países com os quais o Brasil mantém relações de amizade, os tripulantes e passageiros de navios estrangeiros em trânsito pelos portos nacionais, bem como os aborígines que viviam em tribos, sem contato direto e permanente com a civilização. A população residente no país, registrada nesse censo, foi de 93 139 037 habitantes.

Fonte: IBGE, 2003.

Recenseamento Geral de 1980

Em 1º de setembro de 1980, o IBGE realizou o IX Recenseamento Geral do País, obedecendo às determinações da Lei n. 5.878, de 11 de maio de 1973, e aos dispositivos do Decreto n. 74.084, de 20 de maio de 1974, bem como aos do Decreto n. 84.221, de 19 de novembro de 1979.

Para testar o plano elaborado em tal censo, o IBGE realizou, em 1979, um Censo Experimental no Município de Taubaté, São Paulo. Esse levantamento teve como objetivo colher elementos para o aperfeiçoamento de seus formulários, instruções, códigos, métodos e processos de coleta e apuração dos dados, visando à especificação do plano definitivo da pesquisa.

O Recenseamento Geral de 1980, que teve como slogan "O país que a gente conta", compreendeu os Censos Demográfico, Agropecuário, Industrial, Comercial e dos Serviços e, a exemplo dos levantamentos anteriores, integrou-se ao Censo das Américas, conforme orientação da ONU.

O Censo Demográfico de 1980 contou com 9 714 postos de coleta, instalados em 3 391 municípios, divididos em 141 553 setores. Contou também com avanços tecnológicos que permitiram apresentar inovações na sua realização e na divulgação dos resultados.

A primeira grande inovação foram o desenvolvimento e a utilização de um sistema informatizado de acompanhamento da coleta. Através de tal sistema, era possível conhecer, semanalmente, o número de setores concluídos e de pessoas neles recenseadas por sexo, bem como o tipo de questionário utilizado – amostra ou não amostra – para acompanhar o andamento da coleta relativa a todo o Brasil, aqui incluídas as unidades de federação e os municípios.

Todas as unidades de federação enviavam as informações por telex. O material era examinado na sede do IBGE e encaminhado à Diretoria de Informática, que processava os dados contando com uma equipe de digitadores que perfuravam cartões. As informações eram colocadas no mainframe e dali se obtinha uma série de indicadores que permitiam acompanhar a evolução e detectar eventuais problemas no campo. Assim, a comunicação com os responsáveis nos estados era rápida, para que se verificasse por que em determinado lugar a coleta não obedecia a um ritmo normal, ou se investigasse a origem de outros problemas como [...] a fração amostral, a razão de sexos, a cobertura comparada com a projeção, a taxa de crescimento anual, entre outros.

Houve também, no Censo de 1980, uma novidade na divulgação, quando, pela primeira vez, os resultados saíram no mesmo ano de realização da pesquisa. Os resultados preliminares do Censo Demográfico de 1980 foram divulgados no dia 16 de dezembro desse mesmo ano. Isto foi uma inovação porque, tradicionalmente, não se tinha uma publicação preliminar. [...]

A publicação dos Resultados Preliminares do Censo de 1980 apresentou o total da população residente por sexo, além do total de não moradores presentes e a taxa média geométrica de incremento anual da população residente. [...]

[...] A população totalizou, nesse ano, 119 002 706 habitantes. Foram pesquisadas as seguintes características relativas a:

- pessoas – situação do domicílio, sexo, condição de presença, condição no domicílio, idade, alfabetização, religião, cor, orfandade materna, estado conjugal, nacionalidade, naturalidade, migrações internas, frequência à escola, nível de instrução, curso concluído, movimentos pendulares, características econômicas, fecundidade e mortalidade;
- composição das famílias; e
- domicílios – situação, número de moradores, espécie, tipo, condição de ocupação, material predominante nas paredes, piso e cobertura, forma de abastecimento de água, existência de escoadouro e uso das instalações sanitárias, aluguel ou prestação mensal, número de cômodos, cômodos com função de dormitório, existência e tipo de fogão, combustível usado para cozinhar, bem como existência de telefone, iluminação elétrica, rádio, geladeira, televisão e automóvel.

Fonte: IBGE, 2003.

Recenseamento Geral de 1991

Até a realização do censo seguinte, passaram-se 11 anos, não houve Censo em 1990. Para essa operação, o IBGE precisava contratar mais de 180 mil pessoas em caráter temporário. Entretanto, a autorização da contratação desse contingente foi sendo protelada, visto que o governo tinha a diretriz de reduzir o quadro de servidores públicos. Quando a contratação foi autorizada, em julho de 1990, não havia mais tempo hábil para se realizar o processo seletivo público para contratação dos recursos humanos destinados ao censo, cuja coleta de dados estava programada para se iniciar no mês de setembro[1]. Por tal motivo, o IBGE decidiu realizar o censo em 1991.

O planejamento da pesquisa começou em 1987. Como nos censos anteriores, foi realizado um Censo Experimental, dessa vez em Limeira (SP), no ano de 1989. Com o slogan "Ajude o Brasil a ter um bom censo", o XX Recenseamento Geral do Brasil teve início em 1º de setembro de 1991 e compreendeu apenas o Censo Demográfico. [...]

---

1   A dificuldade de entendimento do governo Collor de Melo (1990-1992) a respeito da necessidade de gerirem-se tarefas básicas da Administração Pública afetou drasticamente o IBGE e o Censo de 1990.

O Censo Demográfico de 1991 apresentou inovações em vários aspectos da pesquisa em relação aos levantamentos anteriores. A criação das Comissões Censitárias Municipais, para ajudar na mobilização da população e dar apoio à etapa de coleta de dados, foi uma das novidades. Compostas por representantes de diversos segmentos da sociedade – governo, entidades de classe, associações comunitárias, instituições públicas e privadas – as comissões tinham como objetivo buscar junto a esses representantes e seus grupos, em nível municipal, apoio e parcerias para a realização da coleta, através do acompanhamento pela comunidade, do desenvolvimento dos trabalhos nos seus aspectos operacionais. [...]
[...]
A participação da sociedade em questões referentes ao censo também teve uma inovação com a criação da Comissão Consultiva, composta por estudiosos e especialistas em diversos temas ligados à população. O papel principal da Comissão Consultiva era ser um elo entre o IBGE e a sociedade. Com isso, buscou-se atender à demanda de informações dos diversos setores, contando com a assessoria desses especialistas, que opinavam nas decisões relativas ao conteúdo dos questionários, à amostra, aos métodos de apuração, entre outros aspectos.

Na parte técnica da pesquisa, pode-se citar como inovações a introdução de novos quesitos no Questionário Básico – rendimento e grau de escolaridade do chefe do domicílio –, além da ampliação dos quesitos referentes à caracterização do domicílio. Note-se também que, pela primeira vez nos censos contemporâneos, pesquisou-se a deficiência física e mental, através do Questionário da Amostra.

É justamente quanto à dimensão da amostra que se teve a principal inovação do Censo de 1991. Após muitos estudos e discussões, concluiu-se, pela sua redução, que nos Censos de 1960 a 1980 era de 25% dos domicílios. Assim, em 1991, foram definidas duas frações amostrais: 10% dos domicílios, nos municípios com mais de 15 000 habitantes, e 20% nos demais, o que representava cerca de 4 milhões de questionários.

Outra inovação foi a entrada de dados descentralizada nas Unidades da Federação, o que permitiu mais agilidade nessa etapa. Na fase de divulgação, das informações, a utilização de disquetes também foi uma novidade. Dessa forma, os resultados do Censo de 1991 estavam disponíveis em volumes impressos, fitas magnéticas, sistemas informatizados de consulta e disquetes.

[...] O resultado revelou que o Brasil tinha, naquela época, 146 825 475 habitantes.

Fonte: IBGE, 2003.

Recenseamento Geral de 2000

No âmbito internacional, o Censo 2000 significou a consolidação dos laços estatísticos entre os países do Mercosul Ampliado, que inclui os membros do Mercosul – Brasil, Argentina, Paraguai e Uruguai –, além de Bolívia e Chile, através do Projeto Censo Comum do Mercosul. Iniciado em 1997, o projeto permitiu a padronização de conceitos e classificações, visando homogeneizar e fortalecer os sistemas estatísticos nacionais e, finalmente, criar uma base de dados comum aos censos dos seis países.

Como teste final dos métodos, procedimentos, equipamentos e materiais para o Censo 2000, o IBGE realizou o Censo Experimental em 1999, nas cidades de Marília (SP) – e Bonito (PA) – para definir o plano definitivo da pesquisa.

De uma forma geral, pode-se dizer que o Censo 2000 foi marcado pela inovação tecnológica, começando pelo sistema que permitiu o acompanhamento da coleta, que operou através de um site na Internet, passando pela captura de dados, onde ocorreu a digitalização dos questionários e o reconhecimento óptico de caracteres, chegando à automação dos processos de codificação, crítica e tabulação dos dados.

[...]

Os indígenas foram recenseados tanto em suas terras, definidas como áreas especiais, quanto no Brasil como um todo.

Em 2000, mesmo ano de realização da coleta de dados, precisamente no dia 21 de dezembro, foram divulgados os resultados preliminares do universo [...].

[...]

Os resultados definitivos do universo foram lançados em dezembro de 2001. A publicação apresentou informações que mostraram como os 169.799.170 habitantes estavam distribuídos segundo sexo e situação do domicílio (urbano ou rural). [...]

[...] Participaram da operação censitária todas as 27 Unidades Regionais do IBGE (uma em cada capital e uma no distrito federal); 560 Agências do IBGE; 6.823 Postos de Coleta Municipais; e cerca de 230 mil pessoas contratadas, temporariamente, para os trabalhos de coleta de dados, supervisão, apoio técnico-administrativo e apuração dos resultados. Mais de 100 milhões de questionários e outros documentos foram impressos; 5.507 mapas municipais, 30 mil mapas de cidades, vilas e localidades e mais 215.811 croquis (desenho do setor) para orientar os recenseadores na sua área de trabalho.

> Um computador de grande porte e centenas de microcomputadores ligados em rede nacional foram utilizados para controlar e acompanhar a operação, além de *palm tops* e modernos equipamentos de reconhecimento de marcas e caracteres para captura dos dados.

Fonte: IBGE, 2020b.

Em 2010, ocorreu a 12ª operação censitária em território brasileiro realizada pelo IBGE, com o objetivo de retratar a população brasileira e suas características socioeconômicas, subsidiando a base para todo o planejamento de políticas públicas e privadas para o decênio seguinte. Sua preparação teve início em 2007 e a coleta de dados foi feita entre agosto e outubro de 2010. Mais de 190 mil recenseadores visitaram 67,6 milhões de domicílios nos 5.565 municípios brasileiros.

Trata-se do primeiro censo demográfico totalmente digital do mundo. Seus resultados começaram a ser divulgados já em dezembro de 2010, revelando que a população brasileira havia chegado a 190.755.799 habitantes, com 51% de mulheres e 84,4% de residentes em áreas urbanas. A parcela de brancos diminuiu de 53,7%, em 2000, para 47,7%, em 2010. Outra informação interessante desses dados preliminares é o índice de envelhecimento da população, que sofreu significativa elevação, de 19,8%, em 2000, para 30,7%, em 2010 (IBGE, 2010).

Por esse trabalho, o IBGE recebeu, em 2011, da Organização das Nações Unidas para a Educação, a Ciência e a Cultura (Unesco), o prêmio NetExplorateur.

Síntese

O marco divisório do período pós-censitário dos estudos populacionais no Brasil é a criação do IBGE, em 1938. Como evento externo a influir nessa mudança, houve a criação da ONU em 1944, o que potencializou, por meio do intercâmbio com as Divisões de População e Estatística, o papel do IBGE, em âmbito doméstico.

Até os anos 1940, os estudos demográficos no país não iam muito além de iniciativas de êxito irregular, sujeitas às características da formação do estado republicano. Após esse período, a prática censitária adquiriu rotina e regularidade que permitiram um salto qualitativo nos estudos demográficos, os quais se tornaram mais consistentes e com mais variedade e amplitude de informações, transformando atrasos e lacunas em exceções, e não mais em regra.

Outro aspecto considerável é o avanço da informatização dos processos de coleta, tabulação, registro e análise primária dos dados, em particular, a partir dos anos 1980, com a entrada de empresas de sistemas informacionais. Desde então, a incorporação de novas tecnologias da parte do IBGE – e dos organismos ligados aos estudos populacionais em geral – ocorre sempre em caráter de vanguarda.

Uma exceção a essa trajetória ascendente foi o atraso no censo de 1990, ocorrido no ano seguinte, dado pelo colapso da Administração Pública, gerado por uma política governamental reconhecidamente equivocada. O desconhecimento, muitas vezes voluntário, dessa história e a identidade com as propostas equivocadas que resultaram no atraso do censo de 1990 lançavam expectativas sombrias[2] para o recenseamento de 2020[3], que terminaram por se somar aos efei-

---

2   ACKER, H. *Tribunal de Contas da União cobra providências do IBGE sobre irregularidades no Censo 2020*. **ASSIBGE**, 22 jan. 2020. Disponível em: <https://assibge.org.br/tribunal-de-contas-da-uniao-cobra-providencias-do-ibge-sobre-irregularidades-no-censo-2020/>. Acesso em: 29 abr. 2020.

3   ACKER, H. *Sindicato de funcionários do IBGE diz que faltará pessoal para o Censo 2020*. **ASSIBGE**, 17 dez. 2019. Disponível em: <https://assibge.org.br/sindicato-de-funcionarios-do-ibge-diz-que-faltara-pessoal-para-o-censo-2020/>. Acesso em: 29 abr. 2020.

tos de uma pandemia mundial[4]. No momento em que este livro era escrito, a previsão de coleta para o Censo 2020, com aplicação dos questionários básicos e da amostra, estava entre agosto e outubro do ano referido. Previa-se a aplicação do questionário básico para 71 milhões de domicílios, correspondendo o amostral a 10%[5]. Na mesma data, pouco mais da metade do orçamento previsto para sua execução fora aprovada pelo Congresso Nacional[6]. Com a pandemia da covid-19, o Censo 2020 foi adiado para 2021[7]. De modo a contemplar a data de referência dos últimos censos realizados no Brasil, o próximo Censo Demográfico terá como data de referência o dia 31 de julho de 2021, com coleta de dados prevista entre 1º de agosto e 31 de outubro de 2021.

Atividades de autoavaliação

1. Sobre a criação do IBGE, na promoção das estatísticas populacionais, é correto afirmar:
    a) Seu processo de criação foi lento, ante as demandas, na tradição das políticas públicas brasileiras.

---

4   ACKER, H. *Cortes ameaçam realização do Censo 2020, diz sindicato do IBGE*. **ASSIBGE**, 7 jan. 2020. Disponível em: <https://assibge.org.br/cortes-ameacam-realizacao-do-censo-2020-diz-sindicato-do-ibge/>. Acesso em: 29 abr. 2020.

5   *IBGE – Instituto Brasileiro de Geografia e Estatística*. Disponível em: <https://censo2020.ibge.gov.br>. Acesso em: 29 abr. 2020.

6   ACKER, H. *Censo 2020 só tem 62% da verba garantida*. **ASSIBGE**, 13 jan. 2020. Disponível em: <https://assibge.org.br/canso-2020-so-tem-62-da-verba-garantida/>. Acesso em: 29 abr. 2020.

7   AGÊNCIA IBGE. ***Censo é adiado para 2021; coleta presencial de pesquisas é suspensa***. 27 maio 2020. Disponível em: <https://agenciadenoticias.ibge.gov.br/agencia-noticias/2012-agencia-de-noticias/noticias/27160censo-e-adiado-para-2021-coleta-presencial-de-pesquisas-e-suspensa>. Acesso em 22 jun. 2020.

b) Sua criação trouxe a consolidação dos censos e das análises demográficas do país.
c) Sua criação e estruturação seguem acordos firmados em nível internacional pelo governo.
d) Na tradição das políticas públicas brasileiras, o órgão tem protagonismo e vanguarda nos métodos e nas técnicas incorporados.
e) Todas as alternativas anteriores estão corretas.

2. A partir dos censos brasileiros dos anos 1940, nota-se a incorporação de elementos inovadores, **exceto** de:
   a) estimativas preliminares.
   b) planejamento governamental prévio.
   c) incorporação de técnicas computacionais e novas tecnologias.
   d) reflexão acerca da inclusão de elementos anteriormente considerados minoritários na sociedade.
   e) envolvimento progressivo de organizações não governamentais (ONGs) da sociedade civil.

3. A partir de qual Constituição os censos aparecem como uma atividade obrigatória do Estado brasileiro?
   a) 1891.
   b) 1934.
   c) 1937.
   d) 1988.
   e) Nenhuma das alternativas anteriores.

4. Em que ano foi realizado o primeiro censo brasileiro a apresentar amostragem?
   a) 1940.
   b) 1950.

c) 1960.
d) 1970.
e) 1980.

5. Em que ano ocorreu o primeiro censo integralmente realizado em caráter digital?
   a) 1970.
   b) 1980.
   c) 1991.
   d) 2000.
   e) 2010.

Atividades de aprendizagem

Questões para reflexão

1. Qual a importância da criação do IBGE?
2. Como a tecnologia em geral e, mais especificamente, a informática afetaram os estudos da demografia no Brasil?
3. Qual o principal diferencial do censo realizado em 2010?

Atividade aplicada: prática

1. Caracterize os censos ocorridos no país entre o 5º e o 12º, no tocante a planejamento, procedimentos, métodos adotados, relação com o Poder Público e resultados apresentados à sociedade. Discuta, com sua turma, à luz das informações e do contexto das políticas governamentais, o andamento do Censo 2020 e os impactos que isso tem sobre a sociedade brasileira.

Capítulo 10

População e
desenvolvimento

Neste capítulo, abordaremos os problemas de políticas que envolvem população e desenvolvimento, com o objetivo de analisar o papel das políticas públicas da agenda do Estado na promoção do desenvolvimento envolvendo as questões populacionais. Também trataremos do Índice de Desenvolvimento Humano (IDH) e sua dimensão demográfica como indicador.

(10.1) A perspectiva da Organização das Nações Unidas (ONU)

A Comissão da ONU sobre População reuniu, ao final do século XX, os dados relativos às estimativas de população mundial num quadro que merece vista mais aprofundada, como se pode ver na tabela a seguir.

Tabela 10.1 – População mundial, estimativas, anos selecionados

Ano	População estimada (hab.)
8000 a.C.	10.000.000
1 d.C.	250.000.000
1500	500.000.000
1800	1.000.000.000
1930	2.000.000.000
1960	3.000.000.000
1974	4.000.000.000
1987	5.000.000.000
2000	6.000.000.000

Fonte: United Nations, 2019.

Após um primeiro impacto com o número de 6 bilhões de pessoas no ano 2000, e mesmo com o elevado crescimento da população do planeta após a Revolução Industrial, outras informações podem ser vislumbradas dos dados da Tabela 10.1. Em primeiro lugar, desde o início do século XX, o ritmo de "dobra" da população estabilizou-se em torno de 40 anos, ou seja, a capacidade de a população mundial gerar o seu dobro sofreu uma contenção.

Isso nos conduz ao segundo ponto: o problema do atual crescimento demográfico do planeta é de uma **base elevada**. Esta se dá em nível mundial em função do aumento da expectativa de vida, ou longevidade, de seus habitantes, que subiu, em números aproximados, de 40 para 70 anos apenas no século XX. Assim, a principal causa do crescimento demográfico atual não parece ser a fertilidade da população (cuja taxa tem queda histórica de 5 para 3,1 filhos por mulher no século XX), mas sua longevidade. Diante da inviabilidade de uma proposta que vise reduzir a longevidade da população humana, os neomalthusianos preferem atacar a base da pirâmide populacional, visando estreitá-la. Em outras palavras, seria menos impopular propor a redução da fertilidade do que a da expectativa de vida como política demográfica.

Também é necessário que observemos os dados demográficos de maneira mais desagregada, ou seja, por região, como na tabela a seguir.

Tabela 10.2 – Mundo, população por área, 1950-2000

Continentes	Anos						Cresc. Anual Geométrico (%) 1990/2000	Área (mil km²) 1999	Hab./km² 2000
	1950	1960	1970	1980	1990	2000			
África	221	277	357	467	615	784	2,4	30.306	26
África Ocidental	61	76	98	128	172	222	2,5	6138	36
África Oriental	65	82	108	144	192	247	2,6	6356	39
África Setentrional	53	67	85	110	142	173	2,0	8525	20
África Central	26	32	40	52	70	96	2,7	6613	14
África Meridional	16	20	25	31	39	47	1,6	2675	18
América	339	418	516	616	722	829	1,4	42050	20
América do Norte	172	204	232	255	282	310	0,9	21517	14
América do Sul	113	145	193	247	295	346	1,5	17819	19
América Central	37	49	67	90	111	135	1,9	2480	55
Caribe	17	20	25	29	34	38	1,1	235	162
Ásia	1402	1702	2147	2641	3181	3683	1,2	31764	116
Ásia Oriental	671	791	987	1178	1350	1485	0,9	11762	126
Ásia Meridional	499	621	788	990	1290	1491	1,8	10776	138

(continua)

(Tabela 10.2 – conclusão)

Continentes	Anos						Cresc. Anual Geométrico (%) 1990/2000	Área (mil km²) 1999	Hab./km² 2000
	1950	1960	1970	1980	1990	2000			
Ásia Meridional Oriental	182	225	287	360	441	519	1,5	4495	115
Ásia Ocidental	50	66	86	113	150	188	2,2	4731	40
Europa	547	605	656	696	722	729	1,4	22986	32
Europa Oriental	219	253	276	295	311	307	0,9	18813	16
Europa Setentrional	78	82	87	90	92	64	1,8	1749	54
Europa Meridional	109	118	128	138	143	144	1,5	1316	110
Europa Ocidental	141	152	165	170	176	183	2,2	1107	166
Oceania	12,6	15,7	19,3	22,7	26,4	30,4	1,3	8537	4
Austrália e Nova Zelândia	10,1	12,6	15,2	17,7	20,2	22,7	1,0	7984	3
Outros Países da Oceania	2,5	3,1	4	5	6,1	7,6	2,2	553	13
Total Mundial	2521	3022	3696	4440	5266	6055	1,3	135641	45

Fonte: Elaborado com base em United Nations, 2019.

Desde os anos 1950, o continente africano apresenta as taxas mais elevadas de crescimento, o que lança alguma dúvida sobre o argumento transacionista do aumento da longevidade dado por melhoria intrínseca das condições gerais de vida. Em contrapartida, há uma significativa confirmação deste no comportamento do restante das regiões: após a Segunda Guerra Mundial, a Europa e a América do Norte estabilizam suas populações, enquanto houve uma elevação nos demais. Chama a atenção o observado na última coluna da Tabela 10.2, o que demonstra uma possível motivação dos países cujas populações encontram-se "estabilizadas", mas premidas por uma elevada densidade demográfica, em convencer os países que tenham capacidade ociosa – ou recursos para empreender seu próprio crescimento econômico – a refrear seu crescimento vegetativo. Trata-se de convencer o mundo subdesenvolvido a economizar sua massa de subsistência – alimentos, recursos naturais etc. – disponíveis para, na melhor das hipóteses, dividi-lo com o mundo desenvolvido que os exauriu no extenuante trabalho de sua afirmação como lado dominante da política e economia mundiais.

(10.2)
O PROBLEMA TEÓRICO

Desde os tempos de Ibn Khaldun, busca-se uma relação entre demografia e bem-estar econômico. O tunisiano defendeu, à sua época, a tese de que uma população elevada seria capaz de gerar grande riqueza. Argumento semelhante, com intervalo de alguns anos, foi defendido por Giovanni Botero, com o equilíbrio das *virtus generativa* e *nutritiva*. Malthus, se não o primeiro a apontar, foi o grande formulador do princípio da população. Marx o colocou em seu devido lugar histórico, atribuindo leis populacionais distintas a modos de produção distintos. No século XX, essas ideias foram postas à prova dos desafios do crescimento e do desenvolvimento econômicos.

Antes de tudo, cumpre diferenciar *crescimento* de *desenvolvimento* econômico. O **crescimento econômico** refere-se apenas ao aumento do produto, do volume físico de riqueza que um país é capaz de produzir em determinado intervalo de tempo. O **desenvolvimento econômico**, por sua vez, aborda problemas mais profundos, como a distribuição de renda, as flutuações do produto, a composição estrutural de uma economia etc. O crescimento econômico pode ser obtido sem que se dê o desenvolvimento econômico. Em menor escala, o contrário também pode ser verdadeiro.

Há também o aspecto do modo de produção vigente na economia estudada. Como Marx (1982) colocou em sua obra *O Capital*, a cada modo de produção, compete um conjunto de leis populacionais. No capitalismo, por exemplo, o excedente populacional é uma necessidade intrínseca à acumulação de capital, posto que o "exército industrial de reserva" é a ferramenta que pressiona a remuneração dos trabalhadores para baixo, assegurando taxas crescentes de mais-valia ao capitalista.

Todavia, o aspecto da demanda efetiva, conforme apontado por Malthus e desenvolvido por Keynes, parece conduzir o capitalismo ao impasse "demográfico". As angústias do pároco inglês, pai do princípio de que a população cresce mais intensamente do que a produção de meios de subsistência, reflete um desejo capitalista de ter mais consumidores cada vez mais ricos e trabalhadores cada vez mais empobrecidos e necessitados; ou, ainda, a vontade de, progressivamente, prescindir de seu emprego na produção. Entretanto, em uma economia planificada do tipo socialista, faz-se ainda mais necessário o planejamento familiar, dado o caráter otimizado dos fatores produtivos.

A morfologia e a dinâmica de uma população interagem economicamente de duas maneiras. Primeiro, do lado da oferta agregada de bens e serviços, determinam a quantidade disponível de força de trabalho. Segundo, do lado da procura agregada, interferem simultaneamente no consumo.

Dessa forma, considerada uma população crescente e a necessidade de acumulação de capital (ou crescimento econômico), o incremento demográfico e a taxa de investimento (razão investimento/produto) constituem variáveis inter-relacionadas. Segundo Paul Singer (1988, p. 231):

> *Se a taxa de investimento é de tal ordem que o acréscimo ao estoque de capital é maior que o aumento de emprego, o montante de capital per capita se eleva e é de se esperar um aumento da produção per capita. Se, no entanto, a taxa de investimento não permite um acréscimo ao estoque de capital que compense o aumento do número dos que procuram emprego, o montante de capital per capita dos que estão empregados pode cair ou o desemprego pode aumentar, mas de qualquer maneira, a produção per capita deve-se reduzir.*

Como Singer (1988) admite, esse raciocínio não incorpora mudanças tecnológicas, as quais afetariam, drasticamente, a relação entre a força de trabalho e o estoque de capital. Nesse caso, Oskar Lange (1987b, p. 26) aponta um duplo impasse para as economias subdesenvolvidas:

> *existem duas alternativas para uma economia desse tipo. Uma é o emprego da força de trabalho disponível utilizando técnicas de produção atrasadas, primitivas. Isso implica uma baixa produtividade do trabalho e, por conseguinte, uma renda real per capita baixa. A outra alternativa é a adoção de técnicas mais avançadas de produção e uma maior produtividade do*

trabalho. Isso implica, contudo, o desemprego o subemprego de parte da força de trabalho, porque os bens de capital disponíveis não são suficientes para dar emprego a toda a força de trabalho dentro do quadro das modernas técnicas de produção. A impossibilidade de se utilizar plenamente a força de trabalho leva uma renda nacional per capita baixa.

Assim, para se evitar essa alternância entre o desemprego e a baixa produtividade, torna-se crucial a fase 2 da transição demográfica, ou seja, a defasagem entre natalidade e mortalidade, que promove o aumento populacional. Essa defasagem desempenha um papel altamente relevante no desenvolvimento. O salto populacional permite a incorporação de tecnologia no setor primário de subsistência, pelo barateamento da mão de obra e o aumento da demanda efetiva.

(10.3)
População como mão de obra

Ao entender-se a população como um insumo do processo produtivo, apresentam-se as variáveis da oferta de mão de obra, da capacidade de geração de produto por unidade empregada (também conhecida como *produtividade do trabalho*) e da capacidade de reprodução desse insumo, ou seja, de crescimento populacional.

A oferta de mão de obra pode ser entendida, primeiramente, como um componente da oferta agregada de uma economia, se esta se encontra na situação de pleno emprego. Como dificilmente as economias – sobretudo as capitalistas – atingem o pleno emprego, a oferta de mão de obra termina por ser uma parcela do produto potencial dessa economia. A condução do nível de renda para a ocupação de toda a oferta de mão de obra disponível acaba sendo, por sua vez, uma decorrência do nível de investimentos realizados na produção.

Outro fator relevante é a produtividade do trabalho. Considerada de maneira isolada, conforme a teoria neoclássica, ela pode transmitir a impressão errônea de que sua eficiência marginal é decrescente. Contudo, a se considerarem investimentos em educação e ganhos de escala devidos à especialização da divisão do trabalho, não se pode afirmar, em uma economia dinâmica, que exista uma saturação "natural" da oferta da mão de obra dentro da oferta como um todo. O argumento malthusiano (e ricardiano, como consequência de sua teoria da produção) não se sustenta para uma economia que não esteja estagnada em suas forças produtivas.

Resta o crescimento populacional como última variável a ser posta em questão na oferta. A capacidade de reprodução da força de trabalho e o poder de atração de outros contingentes de força de trabalho de outros espaços geográficos parecem depender mais da demanda do que das condições da oferta, como salários maiores, melhores condições de vida dos trabalhadores etc. Fenômenos como o êxodo rural ou mesmo as migrações internacionais têm em sua raiz não apenas esses últimos fatores, mas também a capacidade de a demanda correspondente ao espaço geográfico em questão comportar a população crescente.

(10.4)
População como demanda efetiva

Uma das lições da Crise de 1929 foi a necessidade de se atentar à suficiência da demanda efetiva. O resultado prático dos ganhos de produtividade (ou elevação da taxa de exploração) sobre a mão de obra pode terminar numa inviabilidade da transformação do produto em oferta efetivamente suprida pela demanda. O empobrecimento progressivo dos trabalhadores os conduz à sua exclusão como consumidores, com um efeito em cadeia na divisão social do trabalho sobre fornecedores de serviços e bens ligados à subsistência.

Quando David Ricardo, nos seus *Princípios de economia*, afirmou a tendência irrefutável dos salários caírem ao nível da subsistência (a chamada *lei de ferro dos salários*), na verdade, apontava para uma característica de pura antinomia do capital: ao abrir mão do fator humano na produção, condenava-se, pela redução da renda dos consumidores da cadeia de mercadorias produzidas, à insuficiência de demanda.

As crises do capital dadas desde 1800 até hoje mostram o duplo erro de Ricardo e dos marginalistas por ele influenciados, ao acreditarem excessivamente no poder da tecnologia e subestimarem a necessidade de garantir-se uma demanda efetiva. Sua relação com a população se dá no campo do dispêndio do produto, qual seja a distribuição do produto social pela população como um todo. A capacidade de consumo autônomo de um contingente populacional maior é potencialmente maior. A propensão média a consumir também se eleva com o crescimento demográfico. Basta, para tanto, fazer com que a renda, o produto gerado, chegue às mãos desse contingente.

A experiência histórica mostra que o consumo de massas, apoiado no *boom* do crescimento populacional dos séculos XIX e XX, consiste em uma das principais explicações para fenômenos como os "anos dourados" (1950-1980), conforme o historiador Eric Hobsbawm (1996, p. 259) descreve:

> *Muito do grande* boom *mundial foi assim um alcançar ou, no caso dos EUA, um continuar de velhas tendências. O modelo de produção em massa de Henry Ford espalhou-se para indústrias do outro lado dos oceanos, enquanto nos EUA o princípio fordista ampliou-se para novos*

tipos de produção, da construção de habitações à chamada junk food *(o McDonald's foi uma história de sucesso do pós-guerra). Bens e serviços antes restritos a melhorias eram agora produzidos para o mercado de massas, como no setor de viagens a praias ensolaradas. Antes da guerra, não mais de 150 mil norte-americanos viajaram para a América Central ou o Caribe em um ano, mas entre 1950 e 1970 esse número cresceu de 300 mil para 7 milhões [...]. Os números para a Europa foram, sem surpresa, ainda mais espetaculares. A Espanha, que praticamente não tinha turismo de massa até a década de 1950, recebia mais de 44 milhões de estrangeiros por ano em fins da década de 1980, um número ligeiramente superado apenas pelos 45 milhões da Itália [...]. O que antes era um luxo tornou-se o padrão do conforto desejado, pelo menos nos países ricos: a geladeira, a lavadora de roupas automática, o telefone. Em 1971, havia mais de 270 milhões de telefones do mundo, quer dizer, esmagadoramente na América e na Europa Ocidental, e sua disseminação se acelerava. Dez anos depois, esse número quase dobrara. Nas economias de mercado desenvolvidas havia mais de um telefone para cada dois habitantes [...]. Em suma, era agora possível o cidadão médio desses países viver como só os muito ricos tinham vivido no tempo de seus pais – a não ser, claro, pela mecanização que substituíra os criados pessoais.*

O mundo globalizado moderno, em sua Divisão Internacional do Trabalho, parece acreditar na possibilidade de garantia dessa demanda efetiva por meio da expansão do comércio exterior. Isso pode explicar a disputa por mercados como o chinês e o indiano nas últimas décadas. Pode, também, tratar-se de outra aposta arriscada, caso as populações desses países não tenham efetiva capacidade de consumir em escala o que estiver à sua disposição.

(10.5)
Índice de Desenvolvimento Humano (IDH)

Criado em 1990 pelo Programa das Nações Unidas para o Desenvolvimento (PNUD), com o objetivo de oferecer uma alternativa ao Produto Interno Bruto (PIB) *per capita* – considerado excessivamente enviesado para a esfera "econômica" do desenvolvimento –, o IDH é o indicador-base do Relatório do Desenvolvimento Humano (RDH).

No IDH, são considerados não apenas fatores de ordem econômica, mas também características culturais, sociais e políticas supostamente determinantes da qualidade de vida humana. Integra três variáveis básicas, a saber: (1) PIB *per capita*, corrigido pelo poder de compra da moeda de cada país; (2) longevidade; e (3) educação. O IDH varia entre 0 – nenhum desenvolvimento humano – e 1, que representa o desenvolvimento pleno.

Regiões que apresentam um IDH entre 0 e 0,499 são consideradas de baixo desenvolvimento humano. Um IDH entre 0,5 e 0,799 significa um desenvolvimento médio e, por fim, índices entre 0,8 e 1,0 indicam um elevado desenvolvimento. O IDH já teve duas metodologias de contagem: uma, entre 1990 e 2009, e outra, de 2010 até a presente data.

10.5.1 Metodologia de cálculo do IDH: 1990-2009

O IDH, entre 1990 e 2009, era dado pela **média simples** das três variáveis básicas (PIB *per capita*, longevidade e educação), transformadas em índices, que vão de zero a um, por meio da seguinte fórmula, desenvolvida por Amartya Sen e Mahbub ul Raq[1]:

---

1   Conforme as *Notas Técnicas do Relatório Anual do PNUD de 1990*.

$$I_{i,j} = \frac{X_i - MIN(X_j)}{MAX(X_j) - MIN(X_j)}$$

Em que:

> I = índice da variável estudada;
> j = variável que está em estudo;
> i = índice que indica a unidade geográfica (país, município, estado, região etc.)
> X = valor observado da variável;
> MIN (X) = valor mínimo estipulado para a variável X;
> MAX (X) = valor máximo estipulado para a variável X.

Os valores mínimos e máximos para cada variável eram, de acordo com o RDH 2005, os apresentados na tabela a seguir.

Tabela 10.3 – Composição do IDH em 2005

Indicador	Variável	Valor mínimo (grandeza ao lado)	Valor máximo (grandeza ao lado)
Riqueza	PIB *per capita*	US$ 100 anuais	US$ 40.000 anuais
Longevidade	Expectativa de vida ao nascer	25 anos	85 anos
Educação	Média ponderada de dois indicadores: • taxa de alfabetização em faixa de idade superior a 14 anos (peso 2); • taxa de escolaridade (peso 1)[2].	0% do universo considerado	100% do universo considerado

---

[2] A taxa de escolaridade era calculada dividindo-se o somatório de todas as matrículas na rede de ensino pela população entre 7 e 22 anos da região. Excluía-se do cálculo o conjunto de matrículas nos cursos supletivos.

10.5.2 Metodologia de cálculo do IDH desde 2010

Depois do RDH do PNUD de 2010, o cálculo do IDH sofreu mudanças em sua metodologia, passando a se realizar da seguinte maneira: pela **média geométrica** dos três indicadores – riqueza, educação e longevidade. Estes, por sua vez, passaram a ser calculados da seguinte forma:

- Riqueza (PIB *per capita*, US$ dólares anuais):

$$R = \frac{(lnPIBpc - ln163)}{(ln108.211 - ln163)}$$

- Longevidade (expectativa de vida ao nascer, em anos):

$$L = \frac{(EV - 20)}{(83,2 - 20)}$$

- Educação e Escolaridade (índices de Anos Médios de Estudo, Anos Esperados de Escolaridade):

$$E = \frac{\sqrt{(IAME - IAEE)} - 0}{(20,6 - 0)}$$

Em que:

I. Índice de Anos Médios de Estudo:

$$IAME = \frac{(AME - 0)}{(13,2 - 0)}$$

II. Índice de Anos Esperados de Escolaridade:

$$IAME = \frac{(AEE - 0)}{(20,6 - 0)}$$

Assim, tem-se o cálculo final do IDH:

$$IDH = \sqrt[5]{R * L * E}$$

Como indicador, o IDH tem as mesmas limitações de outros indicadores consolidados do desenvolvimento e da análise econômica, como o PIB *per capita*. A taxa de escolaridade de uma região pode ser maquiada por meio de estratagemas de massificação do ensino público, como a aprovação automática, por exemplo. Outro problema é o caráter misto de índice classificatório e qualificativo. Contudo, devemos ressaltar seu principal mérito, que é o de apresentar uma visão do desenvolvimento e do bem-estar humanos que não se restringe à renda, mas a aspectos mais concretos do que define o grau de felicidade das pessoas, como saúde, liberdade e acesso à cidadania[3].

(10.6)
Investimento, poupança e população: pela distribuição do produto

Do ponto de vista macroeconômico, os efeitos de uma população crescente em uma economia voltada para o crescimento econômico são: (a) redução da propensão a poupar; e (b) aumento do consumo autônomo. A consequente pressão sobre a eficiência marginal do capital faz com que: (c) demandem-se mais investimentos e (d) ocorra uma elevação da demanda efetiva e, assim, do produto.

Contudo, numa sociedade, predominantemente, voltada à acumulação de capital, ocorre um viés em favor de seus interesses particulares. A classe dos capitalistas dessa sociedade dificilmente aceitaria um comportamento tendencial de redução da eficiência dos

---

3   *Para um tratamento mais aprofundado dessa questão, veja Sen (1999).*

investimentos na promoção de poupança líquida. Tampouco aceitaria políticas de investimentos de rentabilidade marginal decrescentes, preferindo fazer com que a economia funcionasse abaixo de seu potencial pleno para assegurar os ganhos de margem dos fatores de produção compostos de capital.

O resultado de uma população crescente no modo capitalista de produção é um exército industrial de reserva crescente, o que reduz os níveis salariais em termos absolutos e eleva o custo de vida, reduzindo a remuneração dos trabalhadores também em termos relativos. Assim, a elevação dos estoques de capital, por meio do investimento líquido, de pouco adiantaria, posto que a poupança acumulada teria destino improdutivo ao desenvolvimento social e econômico.

Eventuais pressões inflacionárias, por outro lado, podem ser resolvidas por meio de políticas estruturais e setoriais do governo, como a democratização da posse de terra e demais fatores de produção de meios de subsistência, promovendo a livre concorrência de pequenos produtores agrícolas. É provável que política governamental desse cunho trouxesse resultados na contenção do êxodo rural e redução da densidade demográfica das áreas urbanas dos países subdesenvolvidos, criando elementos de fixação à origem de seus contingentes populacionais.

O vetor para essas políticas é o Estado. Nesse sentido, sua ação não se restringe, no tocante à demografia, apenas à promoção do controle de natalidade. Perguntar a ação efetiva do Estado na promoção não apenas do controle populacional, mas também do crescimento econômico necessário ao aumento populacional, bem como de seus movimentos internos e externos, é tarefa que extrapola a tarefa do estudioso da área.

Síntese

Em suma, há pressão demográfica potencial hoje no planeta, até efetiva em algumas partes. Mas esta se deve a uma forma de organizar a sociedade que não comporta a afirmação do fator humano, gerando, por meio de suas relações de produção, uma distribuição muito desigual daquilo que é coletivamente gerado. Sem a resolução desse primeiro problema, resta pouco de efetivo aos que buscam ações relativas a questões humanitárias e sinceramente preocupados com os contingentes populacionais e seus impactos econômicos, sociais e ambientais.

Atividades de autoavaliação

1. Assinale a alternativa que indica corretamente variáveis analisadas pelo Índice de Desenvolvimento Humano (IDH):
   a) População; longevidade; renda *per capita*.
   b) Longevidade; educação; renda *per capita*.
   c) População; educação; renda *per capita*.
   d) Distribuição de renda; educação; saúde.
   e) Saneamento; bem-estar; distribuição de renda.

2. A população como mão de obra é vista em termos econômicos do lado da:
   a) demanda agregada.
   b) oferta agregada.
   c) formação bruta de capital.
   d) distribuição do produto.
   e) Nenhuma das alternativas anteriores.

3. A população como consumidora e promotora de estoques de riqueza é vista em termos econômicos do lado da:
   a) demanda agregada.
   b) oferta agregada.
   c) formação bruta de capital.
   d) demanda efetiva.
   e) Nenhuma das alternativas anteriores.

4. Qual o resultado de uma população crescente no modo capitalista de produção?
   a) Um exército industrial de reserva decrescente, o que reduz os níveis salariais em termos absolutos e eleva o custo de vida, diminuindo a remuneração dos trabalhadores também em termos relativos.
   b) Um exército industrial de reserva crescente, o que reduz os níveis salariais em termos absolutos e eleva o custo de vida, diminuindo a remuneração dos trabalhadores também em termos relativos.
   c) Um exército industrial de reserva crescente, o que eleva os níveis salariais em termos absolutos e reduz o custo de vida, diminuindo a remuneração dos trabalhadores também em termos relativos.
   d) Um exército industrial de reserva crescente, o que reduz os níveis salariais em termos absolutos e eleva o custo de vida, elevando a remuneração dos trabalhadores também em termos relativos.
   e) Nenhuma das alternativas anteriores.

5. O principal agente para a promoção de políticas demográficas visando o desenvolvimento é:
   a) o setor privado.
   b) a sociedade civil.
   c) o Estado.
   d) a comunidade acadêmica.
   e) o empreendedorismo.

Atividades de aprendizagem

Questões para reflexão

1. Como podemos diferenciar *crescimento* e *desenvolvimento econômico*?

2. Quando se analisam os efeitos de uma população crescente em uma economia voltada para ao crescimento econômico, o que está em jogo?

3. Quais aspectos são avaliados pelo IDH? Ele é um indicador suficiente para caracterizar o desenvolvimento?

Atividade aplicada: prática

1. Pesquise a evolução do IDH de seu município e discuta a composição do índice em grupo, em recortes vertical, horizontal e transversal.

Capítulo 11
Fontes e métodos para uma
história das populações

Este capítulo se propõe discutir as fontes e os métodos pertinentes à elaboração de uma história das populações. A escrita da história, qualquer que seja seu objeto, implica o emprego de uma **referencialidade**, dada pelo uso das fontes, e de um **método**, no trato dessas fontes e no uso de técnicas e ferramentas de análise interpretativas. A aparente simplicidade desse binômio esconde uma infinidade de possibilidades de abordagens, interpretações, enfoques e perspectivas. Seria possível dizer que tantas possibilidades ou tantos quantos pontos de vista até.

Ao abordarmos a trajetória do contingente humano pelo planeta, ou mesmo as maneiras pelas quais ele foi estudado, descrito e analisado na história, as questões citadas anteriormente ganham escala e profundidade reflexiva. Quais fontes utilizar? Como usá-las? Quais informações elas podem dar? Como tratar essas informações? Até que ponto a história das populações caminha em paralelo à sua metalinguagem, à história da demografia? Ou, ainda, elas se entrecruzariam? A criação de mecanismos de contagem, mensuração e estimativa teria efeitos sobre a base de dados brutos? Seria possível dissociar ambas, como acontece na história das ciências em geral?

Ao abordarmos suas particularidades, as questões se tornam ainda mais agudas: Qual a relação entre população e riqueza ou escassez? Qual o papel da dinâmica populacional no desenvolvimento? Quais seriam, enfim, as singularidades que envolveriam a escrita de uma história das populações?

O objetivo deste capítulo é o de lançar algumas questões para debate sobre esse tema. Para tanto, feitas essas perguntas, passamos às fontes e à discussão sobre sua disponibilidade, seus tipos e usos. Estabelecidos esses pressupostos basais, abordamos os métodos passíveis de emprego para a escrita de uma história das populações.

A maneira de lidar com as fontes faz parte dos métodos empregados, mas não os limita em seu todo. Ou seja, há métodos ou técnicas e ferramentas de análise que podem transbordar o mero emprego ou a sobreposição de fontes, o que seria aplicável ao tema.

(11.1)
Fontes

As fontes dos dados demográficos podem ser divididas, mais uma vez, pelo critério censitário. Assim, a divisão se estabelece para antes e depois do advento dos censos modernos. Para o estudo dos dados populacionais no período pré-censitário, tarefa da demografia histórica, as fontes são múltiplas e, em sua maior parte, de caráter indireto. Em outras palavras, não refletem contagens diretas ou proporcionam a materialidade direta da informação buscada pelo pesquisador, mas fornecem indícios mais ou menos aderentes a ela. Os censos modernos trouxeram os registros de recenseamentos como fontes primárias para os estudos populacionais.

Como fontes para o período pré(e proto)-censitário, podemos citar: listas nominativas, registros paroquiais, inventários, contagens primitivas e relatos de cronistas de época. É importante ressaltar que a criatividade não deve ser subestimada na criação e na identificação de fontes também nesse campo. Elementos simples da cultura material, como indícios arqueológicos, podem constituir fontes interessantes sobre características aplicáveis a uma dada população em um território e em um dado contexto. De toda forma, sobre as fontes anteriores à consolidação das práticas censitárias pelo globo, é possível afirmar que sua disponibilidade, regularidade e fidedignidade são características absolutamente heterogêneas, e qualquer estudo demográfico nesse campo implica um comentário particularizado em detalhe sobre elas.

O período censitário, por sua vez, trouxe dois tipos de fontes aos estudiosos da população: os próprios censos e os estudos demográficos realizados com base em seus dados. Algumas das fontes originárias do período anterior continuaram a ter uso, fornecendo um interessante cotejo e até reparo aos censos realizados. Discrepâncias encontradas entre a análise censitária e estudos realizados com base em fontes pré-censitárias trouxeram um importante viés crítico aos censos, permitindo que fossem aperfeiçoados em sua discricionariedade, amplitude, tipificação ou mesmo até procedimentos básicos de coleta e registro de dados.

Atualmente, as principais fontes de dados demográficos estão nos serviços de estatística espalhados pelo mundo, de caráter governamental, setorial, classista e/ou privado. O Departamento de Estatística e População das Organizações das Nações Unidas (ONU) é, a esse respeito, o grande ponto de confluência da quase totalidade dessas informações, sendo, portanto, a principal fonte primária.

Aqui, cabe uma ponderação. Se, por um lado, é possível falar-se em um aumento progressivo na consistência e na homogeneidade das informações obtidas nas fontes censitárias, o historiador não deve se furtar à atenção para o viés ao qual tais fontes poderiam conduzir, dado justamente o caráter *positivo* – no sentido de afirmação de sua realidade observada como a concreta – de tais informações, até pelo emprego crescente de metodologias quantitativas. É muito importante, assim, ao historiador das populações – como todo historiador, em última análise – atentar para o que as fontes não dizem, sobre o que elas omitem ou mesmo silenciam. E as fontes para a constituição de uma história das populações não excedem os limites dessa regra.

Isso, evidentemente, não retira das fontes seu contexto. Cabe ao pesquisador permitir-se sua vista, sem perder o caráter crítico de sua análise. O historiador que se deixar enganar pelas fontes falha tanto em seu ofício quanto aquele que delas abdica.

(11.2)
Métodos

Não existe narrativa sem propósito e vice-versa. Ao observarmos a realidade – material, no caso dos dados populacionais –, o propósito é o de criarmos uma narrativa com base nas informações deles extraídas. Obedecidas as regras do método científico, a criação da narrativa se dá por meio de critérios mais ou menos arbitrários, os quais podem ser chamados de *recortes analíticos*.

Nesse sentido, é possível o estabelecimento de três tipos de recortes analíticos, com base na análise de dados populacionais. Eles estão diretamente relacionados com os cortes analíticos expostos no Capítulo 1:

> 1. **Recorte horizontal**: Constitui a análise de diversas variáveis em um mesmo intervalo de tempo e corresponde ao corte analítico latitudinal. Em sentido mais amplo, o recorte horizontal pode reunir informações comparáveis de diferentes espaços geográficos, ou diferentes informações provenientes de um mesmo espaço. Em sentido amplo, permite ver a escala e a comparação entre espaços e categorias em um instantâneo temporal.

2. **Recorte vertical ou série temporal**: Ocorre quando a mesma informação, ou um conjunto delas, é comparada em relação às suas correlatas em distintos intervalos de tempo, constituindo uma série temporal. Corresponde ao corte analítico longitudinal. A série temporal permite observar o desenvolvimento de uma ou mais variáveis ao longo do tempo, permitindo observar crescimento, continuidade, ruptura, oscilação, flutuação e ciclo.
3. **Recorte temporal ou misto**: Como no caso de seu homônimo na análise de dados, o corte transversal, ou recorte transversal ou misto, é um recurso que pode ser adotado pelo demógrafo ao analisar uma população com insuficiência de dados censitários. Para tanto, buscam-se variáveis semelhantes, que possam substituir ou explicar outras cuja ausência se dê em algumas observações. Na inexistência dos dados primários, o recorte transversal, por vezes, fornece subsídios a informações bastante relevantes sobre a população estudada. Com uma base razoável de dados à sua disposição, o demógrafo combina estes aos demais recursos de corte analítico ao analisar um conjunto de dados populacionais.

Há, ainda, três recursos oferecidos pela teoria estatística da estimação que permitem o preenchimento de "espaços vazios" em um painel instantâneo de dados, em uma série temporal ou em um conjunto de painéis de dados comparados. Um é a **retrospecção**, quando se estimam dados retroativos às observações disponíveis; o segundo é a **prospecção**, quando se estimam dados prospectivos; e, o terceiro, a **interpolação**, quando se estimam dados intermediários entre duas observações. Os métodos quantitativos adotados podem variar, indo desde a média móvel e a análise gráfica até a estimação linear, polinomial ou por meio de mínimos quadrados.

É importante ressaltar que não existe análise sem recorte. Assim, uma população, necessariamente, estará situada em tempo e espaço definidos.

Os objetos estudados na história das populações são tão fluidos como em qualquer historiografia, mudando com o tempo e conforme suas peculiaridades. Esse aspecto interfere, diretamente, na composição das tipologias de análise das populações no tempo e no espaço. Assim, a preocupação tipológica presente na análise demográfica pode, e deve, interferir na composição tipológica dos dados populacionais, bem como em sua coleta, organização e apresentação.

A propósito desta última, existe um caráter duplo na evolução da apresentação dos dados nos estudos populacionais. Há um paralelismo entre a plenitude de informações, sua precisão e aderência à realidade observada, e o desenvolvimento de formas de apresentação dessas informações que possibilitem clareza e simplicidade ao analista. Isso também obedece a outro duplo caráter, análogo a este, qual seja: a necessidade de subsídios para a tomada de decisões em políticas públicas e governamentais, por um lado, e o estudo retrospectivo, por outro.

Assim, o estudo dos dados populacionais, com o auxílio da estatística, é um dos grandes vetores do desenvolvimento das técnicas e dos métodos de análise gráfica, com a criação de histogramas, gráficos de barras e demais formatos.

Síntese

A escrita de uma história das populações demanda dois pressupostos, pertinentes a toda escrita da história: fontes e método. Por meio deles, constitui-se a ramificação que dá característica a uma historiografia que possa vir a ser identificada de maneira comparativa, analítica e crítica dentro do tema.

Não se escreve história sem fontes. As fontes, para a escrita de uma história das populações, estiveram presentes em sua materialidade, em dois momentos distintos. O primeiro esteve no período pré-censitário, em informações indiretas, documentos cartoriais, listas nominativas, inventários etc., por meio dos quais a história do desenvolvimento das populações anteriores ao advento dos censos modernos pode ser constituída.

Após esses censos, outro momento se impôs à medida que os estudos demográficos foram institucionalizados: as principais fontes de dados demográficos passaram a residir nos serviços de estatística estabelecidos pelo globo, em caráter governamental, setorial, classista e/ou privado. Nesse sentido, adquiriu protagonismo a Organização das Nações Unidas (ONU), a principal fonte primária, em última análise, dos estudos para a escrita de uma história global das populações no período censitário.

Toda historiografia se produz de acordo com um método, o qual constitui a narrativa historiográfica baseada nas fontes. Qualquer que seja o método adotado, a análise pertinente a ele não pode prescindir de um recorte. No caso da história demográfica, toda população, necessariamente, estará situada em tempo e espaço definidos.

A consulta, a contraposição, o questionamento e o diálogo com as fontes são feitos de acordo com o emprego comparativo, analítico e crítico dos métodos observados na constituição dos registros populacionais, das tipologias, dos movimentos que caracterizam a morfologia e a dinâmica populacionais, os quais seguem o desenvolvimento dos próprios estudos demográficos.

Isso posto, os objetos que circundam a história das populações são tão fluidos como em qualquer historiografia, seguindo sua dinâmica de desenvolvimento, o que se relaciona de maneira direta com as tipologias de análise.

Atividades de autoavaliação

1. Assinale a alternativa que indica fontes para uma história das populações no período pré-censitário:
   a) Informações indiretas.
   b) Documentos cartoriais.
   c) Listas nominativas.
   d) Inventários.
   e) Todas as alternativas anteriores.

2. Qual a principal fonte primária dos estudos para a escrita de uma história global das populações no período censitário?
   a) ONU.
   b) Banco Mundial.
   c) IBGE.
   d) FMI.
   e) Não há fonte primária.

3. Assinale a alternativa correta com relação à história demográfica:
   a) Toda população, necessariamente, está situada em tempo e espaço definidos.
   b) Não há necessidade de tempo e espaço definidos apenas para o objeto das populações.
   c) Toda população, necessariamente, está situada em um contexto dado por uma historicidade.
   d) Não há necessidade de contexto, tempo ou espaço.
   e) Toda população existe além de tempo ou espaço.

4. Sobre a metodologia adotada para uma história das populações, é correto afirmar:
   a) A consulta, a contraposição, o questionamento e o diálogo com as fontes se fazem em oposição ao emprego comparativo, analítico e crítico dos métodos observados na constituição dos registros populacionais, das tipologias, dos movimentos que caracterizam a morfologia e a dinâmica populacionais, os quais corroboram o desenvolvimento dos próprios estudos demográficos.
   b) A consulta, a contraposição, o questionamento e o diálogo com as fontes se fazem de acordo com o emprego comparativo, analítico e crítico, dos métodos observados na constituição dos registros populacionais, das tipologias, dos movimentos que caracterizam a morfologia e a dinâmica populacionais, os quais seguem o desenvolvimento dos próprios estudos demográficos.
   c) A consulta, a contraposição, o questionamento e o diálogo com as fontes se fazem de acordo com o emprego comparativo, analítico e crítico, dos métodos observados na constituição dos registros populacionais, das tipologias, dos movimentos que não caracterizam a morfologia e a dinâmica populacionais, os quais não seguem o desenvolvimento dos próprios estudos demográficos.
   d) A consulta, a contraposição, o questionamento e o diálogo com as fontes se fazem em oposição ao emprego comparativo, analítico e crítico, dos métodos observados na constituição dos registros populacionais, das

tipologias, dos movimentos que caracterizam a morfologia e a dinâmica populacionais, os quais divergem do desenvolvimento dos próprios estudos demográficos.

e) A consulta, a contraposição, o questionamento e o diálogo com as fontes não se fazem de acordo com o emprego comparativo, analítico e crítico, dos métodos observados na constituição dos registros populacionais, das tipologias, dos movimentos que caracterizam a morfologia e a dinâmica populacionais, os quais seguem o desenvolvimento dos próprios estudos demográficos.

5. O objeto da história das populações é:
   a) a população humana.
   b) o espaço.
   c) o tempo.
   d) os documentos.
   e) a humanidade.

Atividades de aprendizagem

Questões para reflexão

1. Quais fatores se mostrariam preponderantes no desenvolvimento das fontes dos estudos populacionais?

2. No caso dos estudos da população, a evolução das fontes de dados teria determinado o desenvolvimento da ciência ou o contrário? Reflita e explique.

3. O censo é uma função de governo, do Estado, de ambos ou de nenhum? Justifique.

Atividade aplicada: prática

1. Discuta a importância da imparcialidade no tratamento dos dados obtidos em seu registro ou análise. O debate pode se basear na análise da metodologia informada pelo IBGE em sua página na internet, onde aborda como os dados são obtidos e tratados, por exemplo.

Considerações finais

O objetivo primário deste livro era o de mostrar os antecedentes, a formação e o desenvolvimento da demografia como ciência da população, em sua teoria e história. Vejamos o que temos a essa altura.

Na primeira parte, tratamos mais da teoria pura, dando apenas uma breve pincelada no desenvolvimento histórico dos estudos populacionais. Foram abordados conceitos, definições básicas, elementos da morfologia e da dinâmica populacional, além de aspectos de sua tipologia. Assim, tratamos do objeto da ciência da população. O conhecimento e o domínio instrumental das características teóricas dos estudos demográficos – consistente na capacidade de interpretar informações dadas sob essas formas – constitui a meta de aprendizado dos quatro primeiros capítulos que compõem essa parte introdutória.

Não existe conhecimento destituído de historicidade em sua construção. Assim, na segunda parte, foi dado tratamento mais aprofundado a esse aspecto. O desenvolvimento dos estudos populacionais aplicados e da teoria demográfica foi abordado, identificando seus pontos de consolidação e saltos qualitativos ao longo do tempo, desde suas origens mais remotas, no mundo e no Brasil, a partir do Capítulo 5. A identificação desses pontos e o entendimento dos processos de constituição do conhecimento que se consolidariam sob a forma científica da demografia nos séculos XIX e XX são os objetivos de aprendizagem dos Capítulos 6 e 7, para o mundo, e Capítulos 8 e 9, para o Brasil. Ressaltamos o caráter intrínseco das condições históricas sociais, econômicas e políticas de cada época no desenvolvimento dos estudos populacionais.

Na terceira e última parte deste livro, abordamos alguns dos chamados *tópicos especiais* dos estudos sobre as populações. No Capítulo 10, em que abordamos a relação da demografia com o desenvolvimento, mostramos a relação desta com a necessidade de se repensar e reestruturar as relações sociais de produção. Sem isso, restaria pouco de efetivo a uma preocupação sincera com os contingentes populacionais e seus impactos econômicos, sociais e ambientais. No último capítulo, discorremos sobre as fontes à disposição dos pesquisadores interessados no assunto.

O estudo dos dados populacionais é tão antigo quanto a própria ideia de população, visto que está contido no conceito de sociedade. As formas, os métodos, os enfoques e as estratégias de coleta e de análise desses dados, considerados como informações quantitativas e qualitativas, acompanharam, portanto, o próprio desenvolvimento das sociedades.

Esse desenvolvimento pode ser entendido de uma maneira evolucionária. Primeiramente, demandou-se o conhecimento pelas quantidades, para o exercício do controle social. Estabelecido esse controle primordial – especialmente por meio da divisão social do trabalho –, outras preocupações foram aparecendo à medida que as questões ligadas às necessidades de cada sociedade surgiram: idade, gênero, etnia, reprodução e movimentação espacial etc.

A demanda crescente pelo controle das variáveis que envolvem a vida material, em especial, na demografia, não parece, entretanto, ter atingido um ponto de saturação. Ao contrário, parece apenas revelar uma necessidade cada vez maior por informações e análises, ante o surgimento de novos objetos, problemas e questões.

Nessas notas finais, gostaríamos de reforçar, ainda, o caráter introdutório deste livro. Seu objetivo foi, basicamente, o de apresentar algumas das principais questões ligadas aos estudos populacionais, o que é muito distante de sua exaustão.

Como recomendação ao leitor, indicamos a consulta aos *sites* da Organização das Nações Unidas (ONU) e do Instituto Brasileiro de Geografia e Estatística (IBGE), primordialmente. Nesses *sites* estão as fontes primárias e os estudos demográficos realizados com base nos censos, além de um apanhado robusto da historiografia sobre o período pré-censitário. É o que consideramos os passos imediatos a essa leitura.

A consulta a órgãos e associações acadêmicos e técnico-científicos também é relevante, profícua até, no sentido de oferecer perspectivas adicionais e, eventualmente, contrapontos ao apresentado pelas análises oficiais e oficiosas. No caso brasileiro, alguns órgãos preponderantes nesse aspecto são: a Associação Brasileira de Estudos Populacionais (Abep); o Instituto de Pesquisas Econômicas Aplicadas, do Ministério do Planejamento (Ipea); o Núcleo de Estudos da População (Nepo), da Universidade Federal de Campinas (Unicamp), e o Centro de Desenvolvimento e Planejamento Regional (Cedeplar), da Universidade Federal de Minas Gerais (UFMG), entre outros.

Para outros países, ou mesmo outras unidades territoriais, há abundância de organizações que coletam, analisam e publicizam dados populacionais. Recomendamos, assim, a pesquisa para além deste que consideramos um ponto de partida.

Referências

ABEP – Associação Brasileira de Estudos da População. Disponível em: <http://www.abep.org.br>. Acesso em: 7 fev. 2020.

AGARWALA, A. N.; SINGH, S. P. (Org.). **A economia do subdesenvolvimento**. Tradução de Maria Celina Whately. Rio de Janeiro: Contraponto, 2010.

ANDRÉ-ROSENTAL, P. Por uma história política das populações. **Tempo e Argumento**, Florianópolis, v. 1, n. 1, p. 176-200, jan./jun. 2009. Disponível em: <http://www.periodicos.udesc.br/index.php/tempo/article/viewFile/715/607>. Acesso em: 2 ago. 2020.

BARROS, J. **História, espaço, geografia**: diálogos interdisciplinares. Petrópolis: Vozes, 2017.

BELTRÃO, P. **Demografia**: ciência da população – análise e teoria. Porto Alegre: Sulina, 1972.

BRASIL. Constituição (1891). **Diário Oficial [da] República dos Estados Unidos do Brasil,** Rio de Janeiro, 24 fev. 1891. Disponível em: <http://www.planalto.gov.br/ccivil_03/Constituicao/Constituicao91.htm>. Acesso em: 3 ago. 2020.

BRASIL. Decreto n. 14.026, de 21 de janeiro de 1920. **Diário Oficial da União**, Poder Executivo, Rio de Janeiro, RJ, 23 jan. 1920a. Disponível em: <https://www2.camara.leg.br/legin/fed/decret/1920-1929/decreto-14026-21-janeiro-1920-517419-publicacaooriginal-1-pe.html>. Acesso em: 3 ago. 2020.

BRASIL. Decreto n. 24.609, de 6 de julho de 1934. **Diário Oficial da União**, Poder Executivo, Rio de Janeiro, RJ, 14 jul. 1934. Disponível em: <https://www2.camara.leg.br/legin/fed/decret/1930-1939/decreto-24609-6-julho-1934-515214-publicacaooriginal-1-pe.html>. Acesso em: 3 ago. 2020.

BRASIL. Decreto n. 47.813, de 2 de março de 1960. **Diário Oficial da União**, Poder Executivo, Rio de Janeiro, RJ, 2 mar. 1960. Disponível em: <https://www2.camara.leg.br/legin/fed/decret/1960-1969/decreto-47813-2-marco-1960-387121-publicacaooriginal-1-pe.html>. Acesso em: 3 ago. 2020.

BRASIL. Decreto n. 64.520, de 15 de maio de 1969. **Diário Oficial da União**, Poder Executivo, Brasília, DF, 19 maio 1969a. Disponível em: <https://www2.camara.leg.br/legin/fed/decret/1960-1969/decreto-64520-15-maio-1969-406430-norma-pe.html>. Acesso em: 3 ago. 2020.

BRASIL. Decreto n. 65.697, de 12 de novembro de 1969. **Diário Oficial da União**, Poder Executivo, Brasília, DF, 13 nov. 1969b. Disponível em: <https://www2.camara.leg.br/legin/fed/decret/1960-1969/decreto-65697-12-novembro-1969-407114-norma-pe.html>. Acesso em: 3 ago. 2020.

BRASIL. Decreto-Lei n. 218, de 26 de janeiro de 1938. **Diário Oficial da União**, Poder Executivo, Rio de Janeiro, RJ, 1º fev. 1938a. Disponível em: <https://www2.camara.leg.br/legin/fed/declei/1930-1939/decreto-lei-218-26-janeiro-1938-350934-norma-pe.html>. Acesso em: 3 ago. 2020.

BRASIL. Decreto-Lei n. 237, de 2 de fevereiro de 1938. **Diário Oficial da União**, Poder Executivo, Rio de Janeiro, RJ, 7 fev. 1938b. Disponível em: <https://www2.camara.leg.br/legin/fed/declei/1930-1939/decreto-lei-237-2-fevereiro-1938-350962-publicacaooriginal-1-pe.html>. Acesso em: 3 ago. 2020.

BRASIL. Decreto-Lei n. 311, de 2 de março de 1938. **Diário Oficial da União**, Poder Executivo, Rio de Janeiro, RJ, 7 mar. 1938c. Disponível em: <http://www.planalto.gov.br/ccivil_03/decreto-lei/1937-1946/Del0311.htm>. Acesso em: 3 ago. 2020.

BRASIL. Decreto-Lei n. 369, de 19 de dezembro de 1968. **Diário Oficial da União**, Poder Executivo, Brasília, DF, 20 dez. 1968. Disponível em: <http://www.planalto.gov.br/ccivil_03/decreto-lei/1965-1988/Del0369.htm>. Acesso em: 3 ago. 2020.

BRASIL. Decreto-Lei n. 969, de 21 de dezembro de 1938. **Diário Oficial da União**, Poder Executivo, Rio de Janeiro, RJ, 23 dez. 1938d. Disponível em: <http://www.planalto.gov.br/Ccivil_03/Decreto-Lei/1937-1946/Del0969.htm>. Acesso em: 3 ago. 2020.

BRASIL. Decreto-Lei n. 2.141, de 15 de abril de 1940. **Diário Oficial da União**, Poder Executivo, Rio de Janeiro, RJ, 31 dez. 1940. Disponível em: <http://www.planalto.gov.br/ccivil_03/decreto-lei/1937-1946/Del2141.htm>. Acesso em: 3 ago. 2020.

BRASIL. Lei n. 651, de 13 de março de 1949. **Diário Oficial da União**, Poder Legislativo, Rio de Janeiro, RJ, 23 mar. 1949. Disponível em: <https://www2.camara.leg.br/legin/fed/lei/1940-1949/lei-651-13-marco-1949-366334-publicacaooriginal-1-pl.html>. Acesso em: 3 ago. 2020.

BRASIL. Lei n. 4.017, de 9 de janeiro de 1920. **Diário Oficial da União**, Poder Legislativo, Rio de Janeiro, RJ, 13 jan. 1920b. Disponível em: <https://www2.camara.leg.br/legin/fed/lei/1920-1929/lei-4017-9-janeiro-1920-570891-publicacaooriginal-93996-pl.html>. Acesso em: 3 ago. 2020.

BRASIL. Decreto-Lei n, 5.730, de 15 de outubro de 1929. **Diário Oficial da União**, Poder Executivo, Rio de Janeiro, RJ, 17 out. 1929. Disponível em: <https://www2.camara.leg.br/legin/fed/decret/1920-1929/decreto-5730-15-outubro-1929-562174-publicacaooriginal-86033-pl.html>. Acesso em: 3 ago. 2020.

BRUNO, M. (Org.). **População, espaço e sustentabilidade**: contribuições para o desenvolvimento do Brasil. Rio de Janeiro: Escola Nacional de Ciências Estatísticas/IBGE, 2005.

BUSSAB, W. de O.; MORETTIN, P. A. **Estatística básica**. 5. ed. São Paulo: Saraiva, 2003.

CARVALHO, J. A. M. de; SAWYER, D. O.; RODRIGUES, R. do N. **Introdução a alguns conceitos básicos e medidas em demografia**. 2. ed. Campinas: ABEP, 2002.

CEDEPLAR – Centro de Desenvolvimento e Planejamento Regional. UFMG – Universidade Federal de Minas Gerais. Disponível em: <https://www.cedeplar.ufmg.br/>. Acesso em: 7 fev. 2020.

CENTRAL INTELLIGENCE AGENCY. **The World Factbook**. 2014. Disponível em: <https://www.cia.gov/library/publications/download/download-2014/index.html>. Acesso em: 14 jul. 2020.

CEPAL – Comissão Econômica para a América Latina e o Caribe. Disponível em: <http://www.cepal.org>. Acesso em: 26 jun. 2020.

CIPOLLA, C. M. **História econômica da população mundial**. Tradução de Sergio Flaksman. Rio de Janeiro: J. Zahar, 1974.

COSTA, I.; COSTA, V. **Como construir pirâmides etárias no Excel**. [S.l.], [S.d.]. Mimeografado.

DIEESE – Departamento Intersindical de Estatística e Estudos Socioeconômicos. Disponível em: <http://www.dieese.org.br>. Acesso em: 26 jun. 2020.

FLOUD, R. et al. **The Changing Body**: Health, Nutrition, and Human Development in the Western World since 1700. Cambridge: Cambridge University Press, 2011.

FMI – Fundo Monetário Internacional. Disponível em: <http://www.imf.org>. Acesso em: 26 jun. 2020.

GRAUNT, J. **Natural and Political Observations Made Upon the Bills of Mortality**. Baltimore: The Johns Hopkins Press, 1939.

HAUPT, A. **Population's Reference Bureau's Population Handbook**. 6. ed. Connecticut: Population Reference Bureau, 2011.

HEIMANN, E. **História das doutrinas econômicas**. Tradução de Waltensir Dutra. 2. ed. Rio de Janeiro: J. Zahar, 1971.

HOBSBAWM, E. **Era dos extremos**: o breve século XX – 1914-1991. Tradução de Marcos Santarrita. São Paulo: Companhia das Letras, 1996.

HOFFMANN, R. **Distribuição de renda**: medidas de desigualdade e pobreza. São Paulo: Edusp, 1998.

IBGE – Instituto Brasileiro de Geografia e Estatística. Disponível em: <http://www.ibge.gov.br>. Acesso em: 26 jun. 2020a.

IBGE – Instituto Brasileiro de Geografia e Estatística. **Censo demográfico 2010**: primeiros resultados. 29 nov. 2010. Disponível em: <https://www.ibge.gov.br/estatisticas/sociais/populacao/9662-censo-demografico-2010.htm>. Acesso em: 10 maio 2020.

IBGE – Instituto Brasileiro de Geografia e Estatística. **Estatísticas históricas do Brasil**: séries econômicas, demográficas e sociais de 1550 a 1988. 2. ed. Rio de Janeiro, 1990. Disponível em: <https://biblioteca.ibge.gov.br/visualizacao/monografias/ GEBIS%20-%20RJ/seriesestatisticasrestrospectivas/ Volume%203_Estatisticas%20historicas%20do%20Brasil_ series%20economicas_demograficas%20e%20sociais% 20de%201550%20a%201988.pdf>. Acesso em: 30 jul. 2020.

IBGE – Instituto Brasileiro de Geografia e Estatística. **Metodologia do Censo Demográfico 2000**. Rio de Janeiro, 2003. (Série Relatórios Metodológicos, v. 25). Disponível em: <https:// biblioteca.ibge.gov.br/visualizacao/livros/liv5295.pdf>. Acesso em: 11 ago. 2020.

IBGE – Instituto Brasileiro de Geografia e Estatística. **Recenseamento do Brazil em 1872**. Rio de Janeiro, 1872. Disponível em: <https://biblioteca.ibge.gov.br/visualizacao/ livros/liv25477_v1_br.pdf>. Acesso em: 11 ago. 2020.

IBGE – Instituto Brasileiro de Geografia e Estatística. **Sínteses históricas**: censos demográficos. Memória. Disponível em: <https://memoria.ibge.gov.br/sinteses-historicas/ historicos-dos-censos/censos-demograficos.html>. Acesso em: 3 ago. 2020b.

IBGE – Instituto Brasileiro de Geografia e Estatística. **Sinopse do censo demográfico 2010**. Rio de Janeiro, 2011. Disponível em: <https://biblioteca.ibge.gov.br/index.php/biblioteca-catalogo? view=detalhes&id=249230>. Acesso em: 14 jul. 2020.

IBGE – Instituto Brasileiro de Geografia e Estatística. **Tendências demográficas**: uma análise da população com base nos resultados dos censos demográficos 1940 e 2000. Rio de Janeiro, 2007. (Estudos & Pesquisas: Informação Geográfica e Socioeconômica, n. 20). Disponível em: <https://biblioteca.ibge.gov.br/visualizacao/livros/liv34956.pdf>. Acesso em: 30 jul. 2020.

IBGE – Instituto Brasileiro de Geografia e Estatística. Tábua completa de mortalidade 2004 – Ambos os sexos. **Tábuas completas de mortalidade**. Downloads. Disponível em: <https://www.ibge.gov.br/estatisticas/sociais/populacao/9126-tabuas-completas-de-mortalidade.html?edicao=18026&t=downloads>. Acesso em: 14 jul. 2020.

IPEA – Instituto de Pesquisas Econômicas Aplicadas. Disponível em: <http://www.ipea.gov.br>. Acesso em: 26 jun. 2020.

JUSELIUS, M.; TAKÁTS, E. The Enduring Link between Demography and Inflation. **Bank of International Settlements: BIS Working Papers – Monetary and Econonmic Department**, n. 722, May 2018.

KELLY, P. F. Social and Cultural Capital in the Urban Ghetto: Implications for the Economic Sociology of Immigration. In: PORTES, A. (Org.). **The Economic Sociology of Immigration**. New York: Russell Sage, 1995. p. 126-147.

KEYNES, J, M. Algumas consequências econômicas de uma população em declínio. In: KEYNES, J. M. **Keynes**. São Paulo: Ática, 1984. (Série Grandes Cientistas Sociais). p. 86-98.

KEYNES, J. M. **A teoria geral do emprego, do juro e da moeda**. Tradução de Mário R. da Cruz. São Paulo: Abril Cultural, 1983.

KINDLEBERGER, C.; HERRICK, B. **Economic Development**. 3. ed. Tokyo: McGraw-Hill, 1977.

KUZNETS, S. **Crescimento econômico moderno**: ritmo, estrutura e difusão. Tradução de Benedicto de Carvalho. São Paulo: Abril Cultural, 1982.

KYLE, G. T.; CHICK, G. The Social Construction of a Sense of Place. **Leisure Sciences**, v. 29, n. 3, p. 209-226, May 2007.

LANGE, O. **Economía política**. 2. ed. México: Fondo de Cultura Económica, 1987a (1968). v. II.

LANGE, O. **Ensaios sobre planificação econômica**. Tradução de Paulo de Almeida. São Paulo: Abril Cultural, 1987b (1970).

LEE, E. S. A Theory of Migration. **Demography**, Seattle, v. 3, n. 1, p. 47-57, Jan. 1966.

MALTHUS, T. **Ensaio sobre a população**. Tradução de Regis de Castro Andrade, Dinah de Abreu Azevedo e Antonio Alves Cury. São Paulo: Abril Cultural, 1982a (1798).

MALTHUS, T. **Princípios de economia política**. Tradução de Regis de Castro Andrade, Dinah de Abreu Azevedo e Antonio Alves Cury. São Paulo: Abril Cultural, 1982b (1820).

MARX, K. **O Capital**: crítica da economia política. Tradução de Regis Barbosa e Flávio R. Kothe. São Paulo: Abril Cultural, 1982. 6 v.

MASSEY, D. S. Economic Development and International Migration in Comparative Perspective. **Population and Development Review**, v. 14, n. 3, p. 383-413, Sep. 1988.

MAURO, F. Da história seriada ou estatística à história frequencial ou estrutural: o caso do Brasil. **Revista Brasileira de Economia**, Rio de Janeiro, v. 26, n. 3, p. 303-310, jul./set. 1972. Disponível em: <http://bibliotecadigital.fgv.br/ojs/index.php/rbe/article/ viewFile/86/2902>. Acesso em: 26 jun. 2020.

MCEVEDY, C. **Atlas histórico-geográfico universal**. Lisboa: Difel, 1987.

NADALIN, S. **História e demografia**: elementos para um diálogo. Campinas: ABEP, 2004.

NEPO – Núcleo de Estudos da População. Universidade de Campinas. Disponível em: <https://www.nepo.unicamp.br/>. Acesso em: 7 fev. 2020.

NPHED – NÚCLEO DE PESQUISA EM HISTÓRIA ECONÔMICA E DEMOGRÁFICA. **Publicação crítica do Recenseamento Geral do Império do Brasil de 1872**. Belo Horizonte: Cedeplar/UFMG, 2012.

ONU – Organização das Nações Unidas. Disponível em: <http://www.un.org>. Acesso em: 29 abr. 2020.

PASINETTI, L. **Crescimento e distribuição de renda**. São Paulo: J. Zahar, 1979 (1974).

PAULANI, L.; BRAGA, M. **A nova contabilidade social**. São Paulo: Saraiva, 2003.

PENNA, C. G. **O estado do planeta**: sociedade de consumo e degradação ambiental. São Paulo: Record, 1999.

PNUD – Programa das Nações Unidas para o Desenvolvimento. Disponível em: <http://www.undp.org>. Acesso em: 26 jun. 2020.

PNUD – Programa das Nações Unidas para o Desenvolvimento. **Human Development Report**: 1990-2010. New York, 2010.

POCHMANN, M.; AMORIM, R. (Org.). **Atlas da exclusão social no Brasil**. São Paulo: Cortez, 2003-2005. 5 v.

PREVIDELLI, M. **Emprego e desemprego**. São Paulo: LCTE, 2012.

RAVENSTEIN, E. G. The Laws of Migration. **Journal of the Royal Statistical Society**, v. 52, n. 2, p. 241-305, Jun. 1889.

RAVENSTEIN, E. G. The Laws of Migration. **Journal of the Statistical Society of London**, v. 48, n. 2, p. 167-235, June 1885.

RICARDO, D. **Princípios de economia, política e tributação**. Tradução de Paulo Henrique Ribeiro Sandroni. São Paulo: Abril Cultural, 1982.

SÃO PAULO (Estado). Seade – Fundação Sistema Estadual de Análise de Dados. Disponível em: <http://www.seade.gov.br>. Acesso em: 26 jun. 2020.

SCHUMPETER, J. **História da análise econômica**. Rio de Janeiro: Fundo de Cultura Econômico, 1962. 3 v.

SEN, A. **Desenvolvimento como liberdade**. Tradução de Laura Teixeira Motta. São Paulo: Companhia das Letras, 1999.

SILVA, J. C. J.; BÓGUS, L. M. M.; SILVA, S. A. G. J. Os fluxos migratórios mistos e os entraves à proteção aos refugiados. **Revista Brasileira de Estudos Populacionais**, Belo Horizonte, v. 34, n. 1, p. 15-30, jan./abr. 2017. Disponível em: <https://www.scielo.br/pdf/rbepop/v34n1/0102-3098-rbepop-3098a0003.pdf>. Acesso em: 2 ago. 2020.

SILVA, J. N. de S. e. Investigações sobre os recenseamentos da população geral do império e de cada província de per si tentados desde os tempos coloniaes até hoje. **Relatório do Ministério dos Negócios do Império**, Anexo D, Rio de Janeiro: Typ. Nacional, 1.870. f. 167. Reimpresso em edição fac-similada. São Paulo: IPE/USP, 1986. Disponível em: <https://biblioteca.ibge.gov.br/visualizacao/livros/liv84282.pdf>. Acesso em: 3 ago. 2020.

SINGER, P. **Dinâmica populacional e desenvolvimento**. 4. ed. Campinas: Hucitec, 1988.

SJAASTAD, L. A. The Costs and Returns of Human Migration. **Journal of Political Economy**, v. 70, n. 5, p. 80-93, Oct. 1962.

SOUZA, L. **Contas nacionais**. São Paulo: LCTE, 2007.

SOUZA, L. **Elementos de demografia econômica**. São Paulo: LCTE, 2005.

SOUZA, L.; PREVIDELLI, M. Algumas considerações sobre a contribuição de Malthus ao Pensamento Econômico. In: CONGRESSO BRASILEIRO DE HISTÓRIA ECONÔMICA, 12.; CONFERÊNCIA INTERNACIONAL DE HISTÓRIA DE EMPRESAS, 13., 2017, Niterói. Disponível em: <http://www.abphe.org.br/uploads/ABPHE%202017/8%20Algumas%20considera%C3%A7%C3%B5es%20sobre%20a%20contribui%C3%A7%C3%A3o%20de%20Malthus%20ao%20Pensamento%20Econ%C3%B4mico.pdf>. Acesso em: 3 ago. 2020.

SPIEGEL, M. **Estatística**. 2. ed. São Paulo: McGraw-Hill do Brasil, 1983.

THE WORLD BANK. Disponível em: <http://www.worldbank.org>. Acesso em: 26 jun. 2020.

THOMPSON, W. S. Population. **American Journal of Sociology**, v. 34, n. 6, p. 959-975, 1929.

TODARO, M. P. A Model of Labor Migration and Urban Unemployment in Less-Developed Countries. **The American Economic Review**, v. 59, n. 1, p. 138-148, 1969.

TODARO, M. **Introdução à economia**: uma visão para o terceiro mundo. Rio de Janeiro: Campus, 1979.

TRUZZI, O. Redes em processos migratórios. **Tempo Social**, São Paulo, v. 20, n. 1, p. 199-218, 2008. Disponível em: <https://www.scielo.br/pdf/ts/v20n1/a10v20n1>. Acesso em: 2 ago. 2020.

UNITED NATIONS. Department of Economic and Social Affairs/ Population Division. **World Population Prospects 2019**. New York, 2019. v. I: Comprehensive Tables. Disponível em: <https://population.un.org/wpp/Publications/Files/WPP2019_Volume-I_Comprehensive-Tables.pdf>. Acesso em: 14 jul. 2020.

UNITED NATIONS. Department of Economic and Social Affairs/ Population Division. **World Population Prospects**: The 2017 Revision. New York, 2017. v. I: Comprehensive Tables. Disponível em: <https://population.un.org/wpp/Publications/Files/WPP2017_Volume-I_Comprehensive-Tables.pdf>. Acesso em: 14 jul. 2020.

VERMEIJ, G. **Nature**: an Economic History. Princeton: Princeton University Press, 2004.

WEBER, M. **Historia económica general**. Mexico: Fondo de Cultura Económico, 2001.

Bibliografia comentada

BELTRÃO, P. **Demografia**: ciência da população – análise e teoria. Porto Alegre: Sulina, 1972.

Uma das primeiras obras de síntese do assunto publicadas no Brasil. Vale a pena pelo interesse histórico.

CARVALHO, J. A. M. de; SAWYER, D. O.; RODRIGUES, R. do N. **Introdução a alguns conceitos básicos e medidas em demografia.** 2. ed. Campinas: ABEP, 2002.

Manual de leitura fundamental para alguns conceitos. Originalmente publicado como texto de discussão do Núcleo de Estudos da População (Nepo) da Unicamp no final da década de 1980, foi, durante muito tempo, uma espécie de livro-texto de conceitos básicos em demografia pela própria Associação Brasileira de Estudos Populacionais (Abep). A edição de 2002, disponível na internet, é considerada definitiva.

CIPOLLA, C. M. **História econômica da população mundial.**Tradução de Sergio Flaksman. Rio de Janeiro: J. Zahar, 1974.

Altamente fundamentado no trabalho, em português, de história e historiografia das populações, com amplo uso de estatísticas demográficas. É considerado um clássico da história demográfica, incorporando metodologias, objetos e problemas teóricos recentes da chamada, à época, *nova história*, como a história quantitativa e serial.

FLOUD, R. et al. **The Changing Body:** Health, Nutrition and Human Development in the Western World since 1700. Cambridge: Cambridge University Press, 2011.

HAUPT, A. **Population's Reference Bureau's Population Handbook.** 6. ed. Connecticut: Population Reference Bureau, 2011.

Dois exemplos de aplicação prática dos estudos demográficos para as políticas públicas. O primeiro livro oferece uma história do desenvolvimento humano a partir de sua disponibilidade e segurança alimentar desde o século XVIII, sob uma perspectiva da história demográfica, ou das populações. O segundo livro apresenta um levantamento bastante amplo das obras de referência sobre os estudos populacionais pelo mundo, com várias indicações de leituras que podem desenvolver aspectos sugeridos nesta obra.

IBGE – Instituto Brasileiro de Geografia e Estatística. **Estatísticas históricas do Brasil:** séries econômicas, demográficas e sociais de 1550 a 1988. 2. ed. Brasília, 1990. Disponível em: <https://biblioteca.ibge.gov.br/visualizacao/monografias/GEBIS%20-%20RJ/seriesestatisticasrestrospectivas/Volume%203_Estatisticas%20historicas%20do%20Brasil_series%20economicas_demograficas%20e%20sociais%20de%201550%20a%201988.pdf>. Acesso em: 30 jul. 2020.

IBGE – Instituto Brasileiro de Geografia e Estatística. **Tendências demográficas:** uma análise da população com base nos resultados dos censos demográficos 1940 e 2000. Rio de Janeiro, 2007. (Estudos & Pesquisas: Informação Geográfica e Socioeconômica, n. 20). Disponível em: <https://biblioteca.ibge.gov.br/visualizacao/livros/liv34956.pdf>. Acesso em: 30 jul. 2020.

Duas obras-chave para se entender a história das estatísticas populacionais no Brasil. Além de um extensivo rol de dados estatísticos sobre aspectos da população brasileira e de referências e interpretações da história dos estudos estatísticos e populacionais do país, essas obras ainda oferecem uma visão de suas épocas a respeito do estado da arte dos estudos demográficos no Brasil e no mundo.

Respostas das atividades

Capítulo 1

Atividades de autoavaliação
1. e
2. b
3. a
4. c
5. e

Capítulo 2

Atividades de autoavaliação
1. e
2. e
3. a
4. e
5. b

Capítulo 3
Atividades de autoavaliação
1. d
2. e
3. b
4. b
5. c

Capítulo 4
Atividades de autoavaliação
1. a
2. b
3. c
4. d
5. e

Capítulo 5
Atividades de autoavaliação
1. e
2. e
3. c
4. a
5. c

Capítulo 6
Atividades de autoavaliação
1. c
2. a

3. d
4. c
5. e

Capítulo 7
Atividades de autoavaliação
1. a
2. c
3. a
4. b
5. c

Capítulo 8
Atividades de autoavaliação
1. a
2. d
3. b
4. c
5. a

Capítulo 9
Atividades de autoavaliação
1. e
2. e
3. a
4. c
5. e

Capítulo 10
Atividades de autoavaliação
1. b
2. b
3. d
4. b
5. c

Capítulo 11
Atividades de autoavaliação
1. e
2. a
3. a
4. b
5. a

Sobre os autores

Luiz Eduardo Simões de Souza
Doutor e mestre em História Econômica pela Universidade de São Paulo (USP) e historiador pela mesma instituição. Professor da Universidade Federal do Maranhão (UFMA) e autor das obras *Elementos de demografia econômica* (LCTE, 2005), *Formação econômica do Brasil: tópicos especiais* (LCTE, 2005) e *Moeda e câmbio* (LCTE, 2017), entre outras.

Maria de Fátima Silva do Carmo Previdelli
Doutora e mestra em História Econômica pela Universidade de São Paulo (USP) e economista pelas Faculdades Integradas Campos Salles (FICS). Professora da Universidade Federal do Maranhão (UFMA) e autora das obras *Emprego e desemprego* (LCTE, 2010), *A União Europeia e a Zona do Euro* (LCTE, 2014) e *Afundando as caravelas: os primeiros vinte anos de Portugal na União Europeia* (LCTE, 2016), entre outras.

Impressão: Forma Certa Gráfica Digital
Abril/2023

MISTO
Papel | Apoiando o manejo florestal responsável
FSC® C111076